食品衛生法対応

はじめての食品安全

本当にあった食品事故に学ぶ

宮尾宗央・角野久史・米虫節夫［編］
NPO法人食品安全ネットワーク［著］

日科技連

刊行にあたって

　2018年6月13日「食品衛生法等の一部を改正する法律」が公布された。この改正によりすべての食品等事業者(飲食店も含む)が「HACCPに沿った衛生管理」を行うことが制度化された。この改正法は、2021年6月1日より完全施行となり、事業者はHACCPに沿った衛生管理を実施しなければならなくなった。

　2018年当時「HACCPの制度化」のHACCPとはどういうものなのか、制度化に対応した仕組みを構築するにはどうすればよいのかとの声が、中小食品企業や飲食店などから聞こえてきた。そこで、食品安全ネットワークは中小食品企業や飲食店向けにわかりやすくHACCPを解説した『食品衛生法対応　はじめてのHACCP―実例でわかるHACCP制度化への対応』を日科技連出版社より刊行した。

　HACCPの制度化がはじまって2年経過したが、食中毒が減少したという印象はない。厚生労働省の食中毒統計資料によると2022年の食中毒件数は957件で前年の717件より増加している。その中には、決められた衛生基準を守らずに調理したユッケが原因で、腸管出血性大腸菌O-157食中毒で死亡したという痛ましい事故もある。

　異物混入も相変わらず起きている。金属類やガラスなどの怪我につながるもの、毛髪、包材類、昆虫類などの直接健康を脅かすものではないが不快な思いをするものが数多く発生している。

　食品回収事例で最も多いのは、アレルゲン表示や賞味期限表示の誤表示で、毎日のように厚生労働省の自主回収報告制度にもとづいて食品等事業者より報告され、自主回収が行われている。

　それぞれの食中毒、異物混入、誤表示の事例を見ていると、どうも食品企業やそこで働いている作業者は、食中毒予防や異物混入防止、誤表示を起こさない仕組みなどの基礎知識が不十分なまま業務に携わり、結果として、それらの問題が起きているのではないかと考える。

　そこで、はじめてシリーズ第2弾として本書を出版することにした。中小食品企業の製造現場の現状を見ると、食品衛生7Sの構築がなされず、製造環境や器具・備品が清潔ではない状況が目につく。また、機械・器具の洗浄・殺菌、食品等の取扱い、冷蔵庫・冷凍庫の温度管理、食品取扱者の衛生管理等の一般衛生管理の手順書、製造の作業手順書もなく、ベテラン作業者の経験と勘で製造しているところもある。

　そのような状況で食品を製造していると、作業者の急な欠勤、原料の入荷状況の変化といったイレギュラーな事象が生じたとき、最悪の場合は食中毒につながる場合もある。また、食中毒が発生しないまでも、機械の破損により発生した金属の欠けらや割れたプラスチック類、昆虫類の異物混入が起きる。

　本書は食品安全に長年の経験をもつ会員が、食中毒や異物混入、誤表示など、実際に起こっている事例を題材にしながら、その原因と対策を執筆した。実際の事例から学び、自社で食品安全のために何をすべきかのテキストとして本書を活用していただきたい。

　最後に本書はNPO法人食品安全ネットワークの26年間の活動がなければ生まれることはなかった。会員諸氏にお礼を申し上げる。また、本書の刊行は日科技連出版社のみなさん、特に出版部の鈴木兄宏部長のご尽力なしには実現しなかった。ここに、改めて感謝する。ありがとうございました。

2023年4月

NPO法人食品安全ネットワーク

理事長　角　野　久　史

まえがき

　本書は、食品工場における製造現場の経験が1、2年ぐらいのみなさんを念頭に執筆した。新しい職場に来られた初日、工場内に入るための作業着への着替え・ローラー掛け・手洗いなど、数多くの手順を聞いたと思う。

　その後、機械を扱う上での安全上のルールや食品衛生を守るためのルールなど、工場内で守るべきルールを覚えながら、ようやく仕事に慣れてきた頃だろう。また、上司に実力を認められ、新たに食品工場に配属された後輩の教育を任せられた方、職場の衛生環境を向上させる活動に参加している方もいるだろう。

　みなさんが日々仕事をしている中、「なぜこのようなルールがあるのだろうか」と疑問をもつこともあると思う。本書は、食品工場におけるルールを単に守るだけでなく、そのルールが定められた理由や意味を知ることで、自信をもって仕事に取り組み、後輩を指導できるようになることを目指している。

　本書は、食品工場の品質管理責任者・食品衛生コンサルタントとして食品工場における衛生教育に豊富な経験をもつ執筆者が、みなさんが日常業務で出遭うかもしれない事例をもとに、食品工場の数多くのルールの意味をわかりやすく説明している。これらのルールが、食品に対する不安をなくし、消費者からのお申し出を減らし、製品回収の可能性をなくすことに役立つことを学んでいただきたい。

　以下に各章の概要を示す。

　第1章では、食品安全についてみなさんに知ってほしいこととその理

由について説明する。

第2章〜第4章では、それぞれ食中毒・異物混入・誤表示について身近な事例で説明する。興味をもった事例から読んでも結構だが、章全体を読むことで理解が深まる。第2章で扱う食中毒は、消費者が食品安全に関して最も不安をもつ危害要因（ハザード）である。第3章で扱う異物混入は、食品工場内で最も多く発生する消費者からのお申し出の原因である。第4章で扱う誤表示は、製品回収の最大の原因である。いずれも食品工場にとって重要な内容なので、理解を深めていただきたい。

第5章では、すぐれた食品安全教育で知られる2社に自社の新人教育を紹介してもらった。後輩を指導する立場となった方、食品安全教育に興味をもつ方は必読の章である。第6章は、食品安全の考え方について簡潔にまとめた。少し難解だが、工場全体の食品衛生を考える立場に任命された方、HACCP認証などで外部と折衝する必要のある方は、理解を深めていただきたい。

本書は、NPO法人食品安全ネットワークの会員の協働で完成したものである。原稿をていねいに読んでいただき、貴重なご意見をいただいた角野久史理事長、米虫節夫最高顧問、食品製造現場で役立つ本となるよう豊富な写真や事例を提供いただいた会員各位に感謝の気持ちを表したい。また、本書の出版に当たってご尽力いただいた、日科技連出版社の鈴木兄宏氏にも心から感謝する。

2023年4月

宮　尾　宗　央

食品衛生法対応 はじめての食品安全　目次

第1章
食品安全を学ぶポイント

1.1　食品安全の3つの視点と学習事項

　本節では消費者に安全な食品を提供するためにはどうすべきかについて、次の3つの視点から食品安全について学習すべき事項を示す。

- 消費者が食品安全に感じている不安の解消
- 消費者が直接食品事業者に不満をぶつける消費者からのお申し出の低減
- 消費者の不利益を防止するために行う製品回収の未然防止

（1）　食品安全への不安解消と食中毒防止

　まず、消費者が、食品安全に対してどう感じているのかを見ていく。図1.1は食品安全委員会*が実施した「食品の安全性に関する意識等について」のアンケート調査結果である[1]。食品安全に不安を感じる方（と

---

*食品安全委員会とは、2013年内閣府に設置された、食品安全に関する法令をつくる厚生労働省や農林水産省、具体的な指導等を行う保健所などから独立して、科学的かつ中立的な知見にもとづき食品安全に関する検討を行う機関のことである。

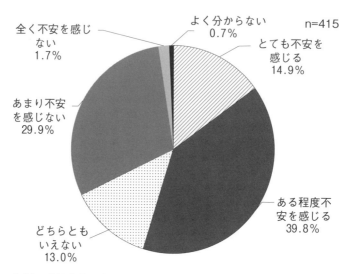

出典）　内閣府食品安全委員会：令和 3 年度食品安全モニター課題報告「食品の安全性に関する意識等について」(概要)を元に作成

図 1.1　食品の安全性に関する意識[1]

ても不安を感じる、ある程度不安を感じる)が過半数を占めていることがわかる。

　それではこれらの方はどのような点に不安を感じているのだろうか。図1.2にハザード*ごとに感じる不安の程度を示す[1]。食品工場と関係の深い不安は「食中毒」、「アレルゲン」の 2 つで、その中でも「食中毒」が80.5％と消費者が最も多く不安を感じているハザードである。なお、かび毒は気象条件や生産・貯蔵時の不適切な管理や取扱いにより農産物に発生するもの、薬剤耐性菌は不適切な薬剤使用で発生するものであり、農水畜産業との関係が深い不安である。健康食品、汚染物質や放射性物質は特別な食品・環境によるものである。そのため、本書ではこれらの

＊ハザードとは、食中毒菌、金属片など、健康に悪影響をもたらす可能性のあるもので、危害要因とも呼ばれる。

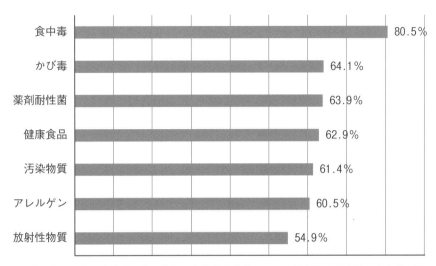

出典）内閣府食品安全委員会：令和３年度食品安全モニター課題報告「食品の安全性に関する意識等について」(概要)を元に作成

図1.2　「とても不安に感じる」、「ある程度不安に感じる」と回答した人の割合[1]

項目は扱わない。

　食中毒は、消費者が最も不安に思うだけでなく、発生すると、最悪の場合は人命を失う場合もある。食品メーカーにとっても営業停止・営業禁止処分という重い処分が課され、食中毒を発生させた食品事業者は存続の危機に立たされる場合もある。そのため、どこの食品工場でも食中毒防止にはさまざまな対策をとっている。

　第2章では、食中毒の事例を通じて、個々の微生物の特徴を示しつつ、原因と具体的な対策を示す。消費者の不安解消のため、食中毒防止の重要性を知るとともに、その原因と対策を学んでほしい。

（2）　消費者からのお申し出の低減と異物混入の防止

　消費者からのお申し出で、最も多いものは何だろうか。恐らく大部分の食品工場では、毛髪などの異物だろう。毛髪混入の場合、保健所など

へ報告されたり、製品回収に至ったりすることは少ないため統計に出にくい面はあるが、製造現場の実感では最も多い異物混入である。

また、同じ異物混入でも、毛髪などとは異なり、金属異物やガラスなどは、食べることで重篤な健康被害をもたらす可能性がある。そのため、製品回収が必要となるだけでなく、一度の混入で食品企業の信用を著しく低下させることがある。

異物混入については製造現場の努力で低減が可能である。異物混入を起こさない土台づくりに役立つ、現場の知恵が第3章には数多く含まれている。他社の事例を参考に異物混入防止に努め、消費者お申し出の低減につなげてほしい。

（3） 製品回収の未然防止と誤表示対策

みなさんが一所懸命製造した製品、それがお客様の口に入らず、市場から回収せざるを得ないことになるのは非常に悲しいことである。また、会社にとっても大損害になる。2021年における製造者起因の食品リコール（自主回収）の原因の分析結果によると、食品回収1,287件の中「賞味期限・消費期限の誤表示・表示欠落」によるものが337件、「アレルゲンの誤表示・表示欠落」によるものが485件と全体の3分の2が誤表示で占められている[2]。食中毒や異物混入と比較して、誤表示は軽く受け止められがちだが、実際は食品リコールの3分の2を占めていることを認識してほしい。

食品リコールに関しては、2021年6月1日より、厚生労働省の自主回収報告制度を通じて届出することが義務づけられ、より重要性が増している。なお、食品リコールの対象は、食品表示法違反のみならず、食品衛生法違反または違反の恐れがある場合である。参考までにいうと、食品等事業者によって報告された食品等は各自治体によって表1.1に示すクラス分類され、厚生労働省および消費者庁のウェブサイトで公開され

表1.1　自主回収（リコール）を行った食品等のクラス分類[3]

	食品衛生法	食品表示法
CLASS I	喫食により重篤な健康被害又は死亡の原因となり得る可能性が高い場合(腸管出血性大腸菌に汚染された生食用野菜など)	喫食により直ちに消費者の生命又は身体に対する危害の発生の可能性が高いもの
CLASS II	喫食により重篤な健康被害又は死亡の原因となり得る可能性が低い場合(一般細菌数などの成分規格不適合の食品など)	喫食により消費者の生命又は身体に対する危害の発生の可能性があるものであってCLASS Iに分類されないもの
CLASS III	喫食により健康被害の可能性がほとんど無い場合(添加物の使用基準違反など)	――

出典）　厚生労働省：リーフレット「食品リコールについて(事業者)」
　　　　https://www.mhlw.go.jp/content/000781907.pdf

ている[3]。

　人間「ついうっかり」ということは完全に避けられないが、**第4章に**は、先人が誤表示で痛い目にあい、その原因をもとに立案した対策を述べているので、ぜひ参考にしてほしい。

1.2　従業員教育の重要性と食品安全の考え方

　みなさんの中には、新しく入社した後輩の教育指導に当たる方、また新たに配属された社員教育をどうしようかと悩んでおられる方も多いと思う。本書の**第5章**では、従業員教育の取組みがなかった頃から、専門家のアドバイスのもとに少しずつステップアップを重ね、今では従業員に十分な食品安全教育を行っている2社に従業員教育方法を執筆してもらった。両社とも大企業ではないため、食品安全教育の重要性は知りつ

つ、日常業務が多忙で、食品安全教育に時間を割くことが難しいという悩みをもっていたことはみなさんと共通である。その中で、日々悩みながら、必要十分な教育とは何かを追求されている会社なので、必ずみなさんの参考になると思う。

　第6章は、現在のみなさんには少し難しいかもしれない。HACCP、ISO 22000、FSSC 22000、JFS規格、食品安全文化、リスクコミュニケーションなどの言葉を聞いたことがあるだろうか。食品安全に関しては全世界共通の考え方があり、それらの言葉・考え方を知ることで、さまざまな食品業界におけるルールをより理解しやすくなる。また、これらの考え方を知ることはみなさんの将来に必ず役立つ。第6章では、食品安全の考え方全般を簡潔にまとめた。例えば「食品安全文化」に興味をもったとき、この章を開いて勉強すると、理解が進むだろう。

●第1章の参考文献
［1］　内閣府食品安全委員会：令和3年度食品安全モニター課題報告「食品の安全性に関する意識等について」(概要)
　　　https://www.fsc.go.jp/monitor/monitor_report.data/2021kadai-gaiyou_.pdf（2023年2月20日確認）
［2］　松本隆志：「2015年から2021年の食品リコールの解析―食品表示関連のリコール防止に関する考察」、『新PL研究』、No. 7、pp.25-37、2022年
［3］　厚生労働省：リーフレット「食品リコールについて(事業者)」
　　　https://www.mhlw.go.jp/content/000781907.pdf（2023年4月19日確認）

第2章
食中毒の事例とその防止策

　食中毒はどのようにして発生するのであろうか。2022年に発生した食中毒事件数は962件（患者数6,856人）となっている[1]。2020～2022年は新型コロナウイルス感染症による外出自粛や飲食店の休業、感染予防策の強化もあり、事件数と患者数はともに減少しているが、依然としてさまざまな食中毒が発生している。

　原因物質別に内訳を見ると、アニサキスなどの寄生虫によるものが577件、腸管出血性大腸菌O-157やサルモネラ属菌などの細菌によるものが258件、ノロウイルスなどのウイルスによるものが63件、フグ毒や毒キノコなどの自然毒によるものが50件、ヒスタミンなどの化学物質によるものが2件となっている（図2.1）。

　食中毒の発生を予防するためには、それぞれの食中毒原因物質の特徴を知り、適切な対応をとる必要がある。

　表2.1に示す食中毒原因物質のうち、2.1節では病原性微生物、2.2節ではウイルス、2.3節では寄生虫（以上は生物的危害要因に相当）、2.4節ではヒスタミン（化学的危害要因に相当）を扱う。ヒスタミンは化学的危害要因に分類されるが、ヒスタミン生成菌の増殖に伴い生成するため、本章で扱う。いずれも食中毒原因物質として代表的なものを取り上げ、

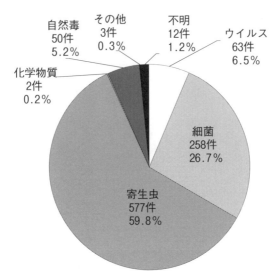

出典）厚生労働省：「食中毒統計資料」を元に作成
https://www.mhlw.go.jp/stf/seisakunitsuite/bun
ya/kenkou_iryou/shokuhin/syokuchu/04.html

図2.1　2022年に発生した食中毒事件数[1]

表2.1　主な食中毒原因物質

種類	分類	特徴	原因物質の例
病原性微生物	非芽胞形成菌	非毒素型	サルモネラ属菌 腸炎ビブリオ カンピロバクター
		毒素型	腸管出血性大腸菌O-157 黄色ブドウ球菌
	芽胞形成菌	非毒素型	ウェルシュ菌
		毒素型	セレウス菌 ボツリヌス菌
ウイルス			ノロウイルス
寄生虫			アニサキス クドア・セプテンプンクタータ 旋尾線虫 サルコシスティス・フェアリー
化学物質			ヒスタミン

実際の食中毒事例をもとに、発生した原因と対策を解説する。

事例 1

2.1　病原性微生物による食中毒の原因と対策

　食中毒の原因となる病原性微生物は、「非芽胞形成菌」と「芽胞形成菌」に分類される。芽胞とは、微生物が増殖する上で必要な栄養素の不足や、加熱による温度上昇など、環境が悪化した際に一部の微生物が形成する細胞のことで、加熱しても死滅しにくいという特徴をもつ。

　一般的に、病原性微生物は加熱すると死滅または減少するというイメージがあるが、芽胞形成菌は「煮る」、「焼く」、「揚げる」などの通常の加熱調理では完全に死滅させることが難しいため、別の予防策が必要である。

　本節では、非芽胞形成菌と芽胞形成菌に分け、食中毒事例を示す。すべての事例を把握する必要はないが、自社で起こりやすい食中毒はどのようなものなのか、自社で行われている予防策はどのようなものなのか、知っておく必要がある。

（1）　非芽胞形成菌

　表2.1に示したとおり、非芽胞形成菌には、サルモネラ属菌や黄色ブドウ球菌などがある。以下では、非芽胞形成菌が原因となった食中毒の事例および対策例を述べる。

◆事例 1　ミキサーの洗浄不足によるサルモネラ属菌食中毒

　1997年 7 月、市内医療機関から保健所へ腹痛、下痢、発熱などの食中毒症状で入院している患者からサルモネラ属菌を検出した旨の連絡があった。調査の結果、市内の 3 中学校で合計418名の生徒ら

が発症しており、これらの中学校に給食を提供している共同調理場が原因施設であることが強く疑われた[2]。保健所の調査結果により、事故7日前に共同調理場で調理された「ピーナッツ和え」が原因食品であると断定された。

【想定原因】

　食中毒の原因は、ピーナッツ和え製造時に使用するミキサーの洗浄不足であることが判明した。サルモネラ属菌に汚染された鶏卵を撹拌したミキサー内にサルモネラ属菌が残存したまま、翌日に調製したシチュールウを栄養源にして増殖した。そして、翌々日に調製したピーナッツ和えを汚染したために食中毒が発生したと推定された。使用したミキサーは刃の部分が分解できない構造のため、使用後に刃を付けたまま洗浄・消毒していたが、その操作が不完全だったと考えられる。

【対策例】

　対策としては、刃の部分を分解できるミキサーを使用すること、ミキサー使用後に徹底した洗浄・消毒を行うことが好ましい。なお、事故後、共同調理場では卵および未加熱で食べる食品の撹拌には刃の部分が分解可能なハンドミキサーを使用することになった。

　使用する機器の特徴を理解するとともに、洗浄・消毒がしやすいか、分解がどこまで可能かなど、衛生面上の問題がないかを検証することが重要である。

【サルモネラ属菌の特徴】

　サルモネラ属菌は動物に広く分布している病原性微生物で、生物学的、血清学的に性質の類似した菌群の総称で、2,500種以上の菌種が存在し

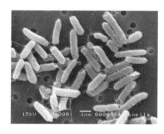

出典）内閣府食品安全委員会
https://www.fsc.go.jp/sonota/shokutyudoku.html

図2.2　サルモネラ属菌[3]

ている(**図2.2**)。サルモネラ属菌は動物の腸管内に存在し、酸素がない
環境でも、酸素がある環境でも増殖する通性嫌気性菌(酸素の有無にか
かわらず増殖する菌)である。運動性があり、乾燥に強いのが特徴である。

　畜産物の中では鶏肉・卵の汚染率が高い。過去の食中毒事故の原因食
材としては、卵、卵加工品、食肉(牛レバー刺し、鶏肉)、うなぎ、すっ
ぽん、乾燥イカなどがある。一般的な対策は次のとおりである。

①　肉・卵は十分に加熱する(75℃以上、1分間以上)。

②　卵の生食は新鮮なものに限る。

③　低温保管する。

④　卵や食肉などに触れた手指などはきれいな調理器具を触る前に
　　手洗いする(二次汚染防止)。

◆**事例2　魚介類と野菜でまな板を共用して腸炎ビブリオ食中毒**

　日本人は魚介類の生食を好むため、現在でも腸炎ビブリオによる
食中毒事故が続いている。家庭で起きた二次汚染による有名事例を
紹介する。

　「9月上旬、夜10時ごろＡさんの自宅で、きゅうり、にんじん、
キャベツを一夜漬けにした。翌日それを会社に持参し、昼食に会社
の同僚10名と共に食べたところ、同日の深夜から2日後の昼にかけ

て、全員が次々と食中毒の症状を訴えました。

　検査の結果、患者11名のうち9名の便から腸炎ビブリオが検出されたため、一夜漬けによる腸炎ビブリオ食中毒と決定しました。」
（東京都福祉保健局「食品安全アーカイブス」[4]）

【想定原因】

　食中毒は、3つの条件が揃ったために起こったものである。一つ目は魚介類（カレイ）を捌いた際に使用したまな板に腸炎ビブリオが残存していたこと、二つ目はまな板をよく洗浄しておらず、そのまな板で各種の野菜を刻んでいたこと、三つ目は当日の最低気温が25.5℃と高かったことである。腸炎ビブリオは増殖スピードが速く耐塩性であるため、浅漬けが完成していた時点で、食中毒を起こすのに十分な菌数にまで増殖していたものと推定される。

【対策例】

　家庭においては、野菜と魚介類の調理の順番を工夫することが大切である。最初に各種の野菜を刻み、刻んだ野菜を冷蔵庫に保管する。野菜の調理に用いたまな板を洗浄・消毒する。次に魚介類をしっかり真水で洗浄し、捌いた後にきれいな容器に入れる。仮に腸炎ビブリオが残存しても増殖しないようにすぐに冷蔵庫に保管しておく。その後にまな板やシンク内を洗浄・消毒する、と段階的に実施することが理想である。

　飲食店などにおいては、まな板と包丁を野菜専用・魚専用・肉専用として使い分けるのが有効である。

【腸炎ビブリオの特徴】

腸炎ビブリオは藤野恒三郎博士により発見された病原性微生物である

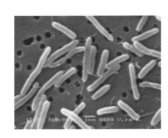

事例3

出典）内閣府食品安全委員会
https://www.fsc.go.jp/sonota/shokutyudoku.html

図 2.3　腸炎ビブリオ[3]

（図2.3）。腸炎ビブリオは海水や海泥中などに広く分布している。海水由来の病原性微生物であるため、食塩がなければ発育できない。そのため好塩菌と呼ばれている。通性嫌気性菌であり、菌体の端に1本の鞭毛をもち、活発に運動する。至適条件下では増殖速度が非常に速い（8分で2倍に増殖する）。

　腸炎ビブリオは海水由来であり、生鮮魚介類やその加工品などに付着している。そのため、過去の腸炎ビブリオ食中毒事故は生鮮魚介類によるものである。一般的な対策は次のとおりである。

①　魚介類は真水でよく洗う。

②　魚介類に使った包丁、まな板などの調理器具は洗浄・消毒する。

③　魚介類を調理したまな板で野菜などを切らない。

④　低温管理する。

⑤　加熱は60℃以上、10分間以上行う。

◆事例3　加熱条件の検証不足でカンピロバクター食中毒

　2020年10月、医師から保健所に区内の同じ小学校に通う児童10名が食中毒様症状を呈して受診したとの連絡があった。患者らに検便を実施したところ、4名からカンピロバクターを検出したとのことである[5]。

発症前、数日間の主な給食メニューは表2.2のとおりである。給食メニューの中で鶏肉を使用しているメニューを下線で示した。

表2.2 主な給食メニュー[5]

提供日	メニュー
10月7日（水）	まいたけご飯、ひじきとチーズの春巻き、あまからポテト、田舎汁、牛乳
10月8日（木）	ご飯、イカのチリソース、豆もやしのナムル、春雨スープ、牛乳
10月9日（金）	タンメン、いももち、くだもの(梨)、牛乳
10月12日（月）	おとうふミートローフ、カレーソテー、ポトフ、ミルクパン、牛乳
10月13日（火）	肉わかめうどん、大豆入りかき揚げ、水菜とツナの和え物、くだもの(梨)、牛乳
10月14日（水）	鶏ごぼうピラフ、パスタスープ、オレンジゼリー、牛乳
10月15日（木）	チキンカレーライス、カリカリあげサラダ、くだもの(梨)、牛乳

【想定原因】

「おとうふミートローフ」(以下、ミートローフ)は、鶏挽肉、豚挽肉、豆腐、みじん切り野菜、調味料などを大きなタライで混ぜて生地をつくり、ジェットオーブンで焼いていた。施設で焼き上げたミートローフの中心温度測定記録によると最低温度90℃、最高温度が95℃であった。

保健所が示したミートローフを食中毒原因食材と推定する理由の一部は次のとおりである[6]。

- 他のメニューは大鍋を使用して調理するので温度ばらつきの可能性は考えにくいが、ミートローフに関しては中心温度ばらつきの可能性が考えられる。
- 十分な焼成を行うために、調理機器(ジェットオーブン)メーカー

が推奨するミートローフの厚さは1.5〜2.0cm以下であったが、調理現場では3cm前後の厚みで焼成していた。調理機器の能力を超えた調理方法であったため加熱不足が生じた可能性があった。
- 事前にミートローフの調理温度・時間といった加熱条件などの検証が行われていなかった。

【対策例】

本事例では、使用するジェットオーブンの特徴と適切な使用方法を知り、必要な調理温度・時間を十分に検証する必要があったと考えられる。また、ジェットオーブンの構造上、熱風が食品に当たる方向が決まっているので、庫内の端部と中央部では加熱されやすさが異なる場合がある。そのため中心温度を測定する場所にも注意が必要である。

なお、カンピロバクターによる食中毒には加熱不足または生食が原因であることが多い。近年、日本で低温調理によるカンピロバクター食中毒事故が頻発している。低温調理で施された食材も含めて、加熱しにくい箇所を想定して、加熱が適切に行われているかの検証が必要である。

【カンピロバクターの特徴】

カンピロバクターは家畜の流産、胃腸炎、肝炎などの原因菌として獣医学分野で古くから注目されている病原性微生物である（図2.4）。鳥類

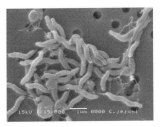

出典）内閣府食品安全委員会
https://www.fsc.go.jp/sonota/shokutyudoku.html

図2.4　カンピロバクター[3]

の場合は症状が出ないが、牛や豚などの場合には症状が出ることが知られている。カンピロバクターによる人の下痢症から頻繁に分離される菌種はカンピロバクター・ジェジュニおよびカンピロバクター・コリの 2 種である。微好気性（ 5 ～10％酸素存在下でのみ増殖可能）であり、菌の両端もしくは一端に鞭毛をもち、らせん状に回転運動する。

　カンピロバクターは食肉（特に鶏肉）、臓器や飲料水を汚染する。乾燥に極めて弱く、通常の加熱調理で死滅する。一般的な対策は次のとおりである。

　　①　調理器具を熱湯消毒し、よく乾燥させる。

　　②　食肉と他の食品との接触を防ぐ。

　　③　十分な加熱をする（75℃ 以上、 1 分間以上）。

　　④　未殺菌の飲料水、野生動物の糞などに汚染された井戸水を使用しない。

◆事例4　野菜の殺菌不足による腸管出血性大腸菌O-157食中毒

　野菜の殺菌条件により、腸管出血性大腸菌O-157食中毒発生の有無が分かれた事例を紹介する。

　2016年 8 月、複数県の老人ホームにおいて、同一の給食事業者が提供した食事（同一メニュー）を原因とする腸管出血性大腸菌O-157による食中毒が発生した[7]。原因食品は「きゅうりのゆかり和え」であることが判明したが、同一メニューでも食中毒が発生しなかった施設もあった。

【想定原因】

　本事例では、同じ原材料（きゅうり）、同じメニューにもかかわらず、提供した施設の殺菌条件により、食中毒発生の有無が分かれた。表2.3

表2.3 同じメニューを提供した各施設の調理工程

食中毒	調理工程	殺菌条件
あり	洗浄→流水	なし
なし	洗浄→流水 →次亜塩素酸ナトリウム溶液に浸漬	次亜塩素酸ナトリウム溶液40ppm・5分程度
なし	洗浄→流水 →加熱	沸騰後に3〜5分加熱

事例4

に同じメニューを提供した各施設の調理工程を示す。

【対策例】

　表面がでこぼこで、産毛がたくさんある、きゅうりのような野菜は、水洗いしてもなかなか微生物数が落ちないので、その取扱いには注意が必要である。そのため表2.3のように、野菜の特徴に合う殺菌を行わないと食中毒事故を起こしてしまう可能性がある。野菜を加熱せずに提供する場合は、次亜塩素酸ナトリウム溶液などで殺菌し、流水で十分にすすぎ洗いを行う必要がある。野菜・果実の主な洗浄・殺菌工程を以下にまとめる。

① 受入・検収
② 流水洗浄、3回以上
③ 中性洗剤で洗浄
④ 流水ですすぎ洗い
⑤ 必要に応じて次亜塩素酸ナトリウム溶液などで殺菌
⑥ 流水ですすぎ洗い
⑦ 水切り
⑧ カット
⑨ 保存

　食材をどのように殺菌するかは、大量調理施設衛生管理マニュアル*の内容を参考にする必要がある。なお、事故後、同マニュアルには「特に高齢者、若齢者および抵抗力の弱い者を対象とした食事を提供する施設で、加熱せずに供する場合（表皮を除去する場合を除く。）には、殺菌を行うこと。」と明記された。これにより老人ホームや学校給食、保育園給食などでは未加熱で提供する食品の殺菌が義務づけられるようになった。

　使用する野菜に対して、どのような手順で、どのような殺菌方法で、どのタイミングで殺菌するのが、製造現場に合うのか現場と一緒に検証する必要がある。また、次亜塩素酸ナトリウム溶液は、殺菌中に少しずつ濃度低下するため、交換頻度と殺菌濃度を、官能検査・微生物検査などで検証する必要がある。

　次亜塩素酸ナトリウム溶液を使用する場合、最初は適切な濃度で殺菌できていても、野菜投入量や交換頻度を守らないと、濃度が低下し、殺菌効果が落ちる。野菜を加熱しない場合の次亜塩素酸ナトリウム溶液での殺菌方法は、200mg/Lで5分間または100mg/Lで10分間である[8]。

　また、当たり前のことだが、野菜表面が水面に浮いた部分（浸っていない部分）は殺菌できていないので、野菜全体が水面下になるような工夫が必要である。さらに、加熱殺菌の場合についても、野菜が冷えすぎたり、投入量が多すぎたりした場合、必要な殺菌温度まで上がらないため、殺菌条件を明確にする必要がある。

【腸管出血性大腸菌の特徴】

　大腸菌は人を含む動物の腸管内に常在する細菌の総称である（**図2.5**）。

　＊大量調理施設衛生管理マニュアルとは、集団給食施設などにおける食中毒を予防するために、HACCPの概念にもとづき、調理過程における重要管理事項として定められたマニュアルで、同一メニューを1回300食以上または1日750食以上提供する調理施設を対象に定められたものである。

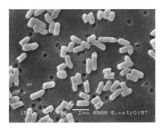

出典）　内閣府食品安全委員会
https://www.fsc.go.jp/sonota/shokutyudoku.html

図2.5　腸管出血性大腸菌[3]

事例5

大腸菌はほとんどのものが無害であるが、病原性を有するものは病原性大腸菌と呼ばれる。そのうち人からよく分離されているのが、腸管出血性大腸菌であり、O-157はその一種である。

　腸管出血性大腸菌は通性嫌気性菌であり、ブドウ糖を発酵し、酸とガス(CO_2とH_2)を産生する。少量の菌数でも高い感染力を有している。通性嫌気性菌の中でも酸に強いことが特徴である。

　過去の原因食材は、井戸水、牛肉、ハンバーグ、牛角切りステーキ、牛タタキ、ローストビーフ、シカ肉、サラダ、カイワレダイコン、キャベツ、メロン、白菜漬け、日本そば、シーフード、ソースなどと多様である。

　一般的な対策は次のとおりである。
　　①　十分な加熱調理をする(75℃以上、1分間以上)。
　　②　野菜はよく洗浄・殺菌する。
　　③　食肉と他の食品との接触を防ぐ。

◆事例5　安全・安心を届けるはずのお弁当で黄色ブドウ球菌食中毒
　近年、新型コロナウイルス感染症の拡大によって自粛生活が続き、リモートワークなどの働き方が変わったことからテイクアウトの需要が増加している。テイクアウトによる黄色ブドウ球菌食中毒の事

例(東京都福祉保健局「食品衛生の窓」[9])を紹介する。

　勉強会で提供された弁当を食べた者のうち、3名が食事後3時間から9時間で下痢、おう吐などの症状を呈した。保健所が調査したところ、患者の共通食は飲食店が調理した弁当のみであった。弁当は、ご飯の上に若鶏の照焼、錦糸玉子、漬物が盛り付けられ、当該飲食店とは異なる宅配業者によって患者らに宅配された。検査の結果、弁当の残品、調理従事者の手指の拭き取り、患者のふん便から黄色ブドウ球菌を検出した[9]。

【想定原因】

　食中毒は、手指に傷や手荒れがある調理従業者が素手で食材に触れていたこと、宅配後に温度管理および時間管理が適切に行われなかったことによって起こったものである。

　弁当を十分に放冷せず、中途半端に温かいまま宅配業者に渡したこと、および会場に届いてから食べるまでに6時間以上常温で保管されていたことにより、黄色ブドウ球菌の菌量が非常に高くなり、黄色ブドウ球菌がエンテロトキシン(毒素の一種)を産生したことが原因と推定される。

【対策例】

　調理従業者の傷や手荒れの有無の第三者チェックを行い、傷や手荒れがある場合、調理に従事させないことが第一の対策である。次に完成した調理品や弁当は可能な限り素早く冷却を行うことである。

　また、素手で触ったバットやお玉などの調理器具を長時間使用した場合は、黄色ブドウ球菌の増殖の危険性も考えられるので注意が必要である。エンテロトキシンで汚染された調理器具を使用した場合は、再加熱してもエンテロトキシンが残存しているので、加熱済食材でも黄色ブド

ウ球菌食中毒の可能性がある。

【黄色ブドウ球菌の特徴】

黄色ブドウ球菌は、哺乳動物の皮膚、鼻腔、咽頭、毛髪、消化管などに広く生息する常在菌の一つである（図2.6）。その保菌率は約40％と認識されており、化膿性疾患の起因菌である。食中毒の原因となるのは、黄色ブドウ球菌そのものではなく、黄色ブドウ球菌の増殖により食品中で産生されたエンテロトキシンを摂取することにある。

黄色ブドウ球菌は、耐塩性、通性嫌気性である。黄色ブドウ球菌自体は熱に弱いが、エンテロトキシンは熱に対する安定性が高く、100℃で30分間の加熱でも無毒化されない。

原因食材は、乳・乳製品（牛乳、クリームなど）、卵製品、畜産製品（肉、ハムなど）、穀類とその加工品（握り飯、弁当）、魚肉ねり製品（ちくわ、かまぼこなど）、和洋生菓子などである。

一般的な対策は次のとおりである。

① 手指を洗浄する。

② 手荒れや傷のある人は食品に直接触れない。

③ 調理器具を洗浄・殺菌する。

④ 調理の際には帽子やマスクを着用し、調理中に顔や髪に触れない。

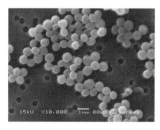

出典） 内閣府食品安全委員会
https://www.fsc.go.jp/sonota/shokutyudoku.html

図2.6 黄色ブドウ球菌[3]

⑤　低温管理する。

（2）　芽胞形成菌

　前項で説明した非芽胞形成菌とは異なり、芽胞をつくる微生物を芽胞形成菌と呼ぶ。芽胞は耐熱性が強いことから、耐熱性芽胞菌と呼ぶこともある。前掲の表2.1に示したとおり、芽胞形成菌には、ウェルシュ菌やセレウス菌などがある。以下では、芽胞形成菌が原因となった食中毒の事例および対策例を述べる。

◆事例6　加熱だけでは死なない!?　煮込み料理でウェルシュ菌食中毒

　2021年、病院から同じ大学に通う寮生が胃腸炎症状で複数受診していると保健所に一報があった。寮で提供された「厚揚げ野菜のあんかけ煮」の保存食と調理従事者および患者の便からウェルシュ菌が検出され、原因食品として断定された。

【想定原因】

　食中毒発生の原因は、スチームコンベクションオーブンの送風冷却における冷却不足であった[10]。

　ウェルシュ菌は自然界の常在菌であり、食品への汚染を根絶することは不可能である。本事例で使用された原材料にも存在していたと考えられる。ウェルシュ菌は通常の加熱調理では死滅させることはできないため、本事例の煮込み工程でも生き残っていたと推察される。

　発症には多くの菌量が必要となるため、加熱後の冷却を速やかに行えば、増殖を抑えることができる。しかし、スチームコンベクションオーブンでの冷却は送風のみであったこと、および冷却能力以上の量を調理

したことにより、緩慢な冷却となってしまい、ウェルシュ菌が増殖したと考えられる。

【対策例】

事例6

　大量調理の場合、家庭の食事よりも多い量の食事を一度に調理する場合が多い。量が多くなれば冷却に必要な時間は長くなる。加熱後に冷却する必要がある場合は、小分けにして冷却時間を短縮したり、冷蔵庫で保管するなどの対策が考えられる。

　寮での食事時間は人によってばらつきが出る場合もあるが、調理後、食事までに時間がかかる場合は55℃以上に保温し、ウェルシュ菌が増えやすい温度帯を避けることが重要である。一方、温度を下げて保管する場合は食べる前の再加熱を十分に行い、発芽状態の菌の殺菌と発生した毒素の無毒化を行う。

【ウェルシュ菌の特徴】

　ウェルシュ菌は、人や動物の腸管、土壌、下水など自然界に広く生息する偏性嫌気性菌（酸素がない環境で増殖する菌）である（図2.7）[11]。

　耐熱性芽胞は100℃で1〜6時間の加熱に耐えるため、通常の加熱調理条件（煮る、焼く、蒸すなど）では死滅しない。ウェルシュ菌による食中毒の発症に必要な菌数は食品1g当たり10万個以上である。食事後の

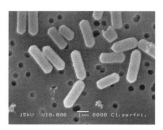

出典）　内閣府食品安全委員会
https://www.fsc.go.jp/sonota/shokutyudoku.html

図2.7　ウェルシュ菌[3]

潜伏期間は6〜18(平均10時間)時間で、主症状は下痢と腹痛で、おう吐や発熱はほとんど見られない。

過去の原因食品は多種多様な煮込み料理(カレー、煮魚、麺のつけ汁、野菜の煮付けなど)である。煮込むことにより、酸素が溶解しにくくなり、無酸素状態に近くなるため、ウェルシュ菌が増殖しやすく食中毒の可能性が増す。一般的な対策は次のとおりである。

①　清潔な調理を心掛け、調理後速やかに食べる。

②　増殖を予防するため、加熱調理食品の冷却は速やかに行う。

③　食品を保存する場合は、10℃以下か55℃以上に保つ。

④　再加熱する場合は撹拌しながら十分に加熱する。

◆事例7　チャーハンの冷却不足でセレウス菌食中毒

2018年、保健所に「飲食店(中華料理チェーン店)を利用した2〜3時間後に複数名がおう吐、下痢を発症した」との連絡があり、保健所が調査したところ、飲食店を利用した2グループ6名におう吐、下痢などの症状があることが判明した。保健所は患者の食事状況および発症状況から、同施設を原因とする食中毒と断定し、5日間の営業停止処分とした。保健所の調査の結果、セレウス菌が原因の食中毒であることが判明した。

【想定原因】

セレウス菌は土壌細菌なので、米などの農産物は汚染されている場合が多い。食中毒の原因は、チャーハンなどの冷却不足により、もともと米に付着していたセレウス菌の芽胞が発芽・増殖したことと考えられる。

【対策例】

　セレウス菌は芽胞を形成するため、加熱調理された食品でも室温で放置すれば、発芽増殖を招く。そのため予防策としては、一度に大量の米飯や麺類を調理し、作り置きしないこと、調理後はすぐに食べることである。

　なお、食中毒を起こした飲食店では、食材の取り扱いについてのルールが定められていたと考えられる。しかし、ルールを逸脱し、決められた温度と保管時間が守られていなかったためにセレウス菌が増殖したと推測される。ルールを教育する際には、「なぜ」このルールがあるのか、そのルールを守らないとどのようなことが起こるかを教育することで、確実にルールが守られるようにすることが重要である。

事例7

【セレウス菌の特徴】

　セレウス菌は、芽胞を形成する病原性微生物である。土壌細菌の一つで、土壌・水・ほこりなどの自然環境や農畜水産物などに広く分布している(**図2.8**)。この菌による食中毒は、おう吐型と下痢型の2つのタイプに分類される(**表2.4**)。いずれも、この菌の産生する毒素が食中毒の発生に関与する。日本では、おう吐型が多く見られる[13]。

出典）　国立感染症研究所：「セレウス菌感染症とは」
https://www.niid.go.jp/niid/ja/kansennohanashi/427-cereus-intro.html

図2.8　セレウス菌[12]

表2.4　セレウス菌食中毒によるおう吐型と下痢型の比較

タイプ	おう吐型	下痢型
毒素が産生される場所	食品中	小腸
潜伏期間	30分～6時間	8～16時間
主な症状	吐き気、おう吐	腹痛、下痢
原因食品	焼飯類、麺類など	肉類、野菜類、乳製品など

　セレウス菌は耐熱性（90℃で60分間の加熱に抵抗性）の芽胞を形成する。10～50℃の温度域で増殖（増殖至適温度28～35℃）するが、7℃以下の低温で増殖する菌株も存在する。また、おう吐型毒素が産生される至適温度は25～30℃であり、毒素は熱に強く126℃で90分間加熱しても不活性化しない。

　食中毒の原因食品は、穀類およびその加工食品（焼飯類、米飯類、麺類など）が最も多く、ついで複合調理食品（弁当類、調理パン）で、その他、魚介類・肉類・卵類・野菜類およびその加工食品、乳および乳製品、菓子類が原因の食品となった事例もある。これらの原因食品のうち、日本で発生が多いおう吐型食中毒ではチャーハン、ピラフなどの焼飯類による事例が最も多く、次いで焼きそばやスパゲッティなどの麺類を原因食品とするものが多い[13]。

　一般的な対策は、調理後に食品を保管する場合は、保温保管（55℃以上）するか、あるいは小分けして速やかに低温保管（8℃以下）する。また、保存期間は可能な限り短くする。

◆事例8　真空パウチ食品が原因と推察されるボツリヌス菌食中毒
2021年7月、K県で真空パックの食品が原因であると思われるボ

ツリヌス菌による食中毒が発生した。同県の発表によると、40代の夫婦に言語障害や呼吸困難などの症状が現れ、2日後には子ども2人も発症した。夫婦は人工呼吸器が必要な状態で、入院する事態となった。

事例 8

【想定原因】

原因食品は前日に食べた真空パックの惣菜が原因である可能性が示唆された。ボツリヌス菌は自然界に広く分布し、さまざまな食品の原材料に存在している。食中毒の原因と推察された食品も原材料由来のボツリヌス菌が存在しており、保管中に増殖したことが原因と考えられる。ボツリヌス菌は通常の加熱条件では死滅せず、真空パックのような嫌気条件下で増殖する特徴をもつため、このような事態に至ったと考えられる[14]。

【対策例】

K県の報道資料では、真空パック食品で膨張、異臭がある場合はボツリヌス菌が増殖している可能性があるので食べてはならないこと、およびボツリヌス毒素は加熱により毒性を失うため、食べる前に十分な加熱を行うことを注意喚起している。

加圧加熱殺菌された食品であっても、メーカーでの殺菌不良や包装不良、出荷後の製品取り扱い不良による破損やピンホール(針で開けた程度の非常に小さい穴のこと)の発生、中には殺菌工程を経ずに出荷するといった事故が発生することにより、安全性が損なわれている場合があるので注意しなければならない。

また、近年では加圧加熱殺菌済みの食品(いわゆるレトルト食品)のように見えるが要冷蔵保管の真空パック製品も多く販売されている。その

ような食品を常温で保管するとボツリヌス菌が増殖し、食中毒の原因となる場合がある。消費者が情報をよく見ることも大切であるが、メーカー側も消費者が誤った取扱いをする場合も考慮して、「要冷蔵」などの文字を大きく表示したり、レトルト食品と類似のパウチ形状を使用しないなどの対策をしておきたい。

　さらに、レトルト釜内に製品を詰め込み過ぎて殺菌不良が発生した事例もあるため、確実な工程管理を行うとともに、殺菌方法や条件が妥当であるかについて、微生物検査や保管試験などにより確認すべきである。

【ボツリヌス菌の特徴】

　ボツリヌス菌は、ウェルシュ菌と同様に芽胞を形成する偏性嫌気性菌である（図2.9）。特性によっていくつかの種類に分類され、芽胞の中には耐熱性が高く、殺菌のためには非常に強い加熱条件（120℃で4分間以上）を必要とするものがある[15]。

　土壌や河川、海洋に広く存在しているため、自家製食品による食中毒の原因の多くは原材料が汚染されているためとされている。

　原因食品は、特に自家製のびん詰や缶詰、容器包装詰食品での発生が多いほか、生魚、米飯などを自然発酵させるいずしでの事例も多い。

　ボツリヌス食中毒の潜伏期間は一般的には8〜36時間とされている。初期症状として、悪心、おう吐、下痢などの消化器症状があり、ボツリ

出典）内閣府食品安全委員会
https://www.fsc.go.jp/sonota/shokutyudoku.html

図2.9　ボツリヌス菌[3]

ヌス菌が産生する毒素による特有の神経麻痺症状が見られるようになる。その多くはめまいや頭痛を伴う全身の違和感、視力低下やかすみ目などの眼症状などであり、進行すると著しい脱力感や四肢の麻痺が見られ、呼吸困難に陥って死に至ることもある。致死率は抗毒素療法の導入によって低下しているが、依然として高く、4％である。

　ボツリヌス菌は原材料の汚染を防ぐことが難しいため、常温保管食品で、食品組成により微生物制御できない場合は、加圧加熱殺菌により死滅させる必要がある。一般的な対策は次のとおりである。

事例9

①　野菜や果物などの原材料を十分に洗浄する。
②　冷蔵または冷凍温度で保管する。
③　発酵食品(保存食)や自家製びん詰ではpHを調整する。
④　食べる前に十分な加熱を行う。

2.2　ウイルスによる食中毒の原因と対策

　食中毒にかかわるウイルスとしてはA型肝炎ウイルス、E型肝炎ウイルスもあるが、ここでは最も一般的なノロウイルスの事例を示す。

◆事例9　体調不良を我慢してノロウイルス食中毒

　2012年12月の4日間、弁当製造施設において製造した弁当を食べた1,442名が下痢、吐き気、腹痛、おう吐などの食中毒症状を発症した[16]。

【想定原因】
　検便を実施した患者25名のうち22名、製造施設の従業員69名のうち22名からノロウイルスを検出した上に、施設で製造した弁当以外に患者の

発生がなかったことから、弁当が原因食品と断定した。

　調査の結果、当該工場では午前2時頃から7名で調理、午前7時頃から13名で盛付けの作業をしていた。午前7時頃から調理員1名が下痢症状を発症し、作業中に複数回トイレを使用したが、そのまま通常の作業が継続されたことがわかっている。施設のトイレは男女別で工場内に一箇所であり、調理作業場所からトイレへの動線には複数の出入り口を通過しなければならない構造であった。

　これらのことから、ノロウイルスに感染した従業員が調理・盛付作業を行い、トイレや調理場の手が触れる箇所などを通じて従業員間に広がり、トイレ後の手洗いが不十分なことにより食品にノロウイルスが付着したことが原因と考えられる。

【対策例】

　ノロウイルスの食中毒を予防するには次のような対策が必要である[17]。

　　①　手洗いの徹底(石けんにより物理的にウイルスを除去する)

　　②　調理従事者の健康管理(体調不良時の就業禁止、手荒れの予防)

　　③　食品の十分な加熱調理(75℃以上で1分間以上、二枚貝などは85〜90℃以上で90秒間以上)

　　④　複数の従業員の手が触れる箇所やトイレの定期的な清掃

　　⑤　食品製造現場で、おう吐が生じた場合の適切な対応

　これらの対策のうち、本事例においては上記②の調理従事者の健康管理が行われていなかったことが最大の原因である。

　2016年に発生したノロウイルスによる食中毒のうち、約8割は調理従事者を介した食品の汚染が原因とされており、手洗いや就業前の健康状態の確認といった、調理従事者の衛生管理の徹底が予防策として重要だということが示されている。また、同年に厚生労働省が実施した調査によると、ノロウイルス食中毒が発生した施設のうち、調理従事者の健康

の確認状況を記録している施設は3割以下という結果が得られている。本事例での施設においても、健康状態の確認は自己申告で行われていたのみで、それ以外の体調管理は実施されていなかった。

　その他にも、当該施設では、調理作業などが最小限の人員配置で行われていたこと、調理員の体調不良時の対策が確立されていなかったこと、健康状態が不良であっても言い出せない雰囲気があったことなども原因として挙げられている。

　新型コロナウイルス感染症の流行により、体調不良時の欠勤に対する意識は変わってきているが、感染による急な人員減への対応を十分にできず、通常より少ない人員での作業を強いられる場合もある。しかし、営業優先、過度な経費削減を行うと、大規模な食中毒事件となることもある。食品安全はすべてに優先すべき取組みであることを肝に銘じておきたい。

【ノロウイルスの特徴】

　ノロウイルスはカリシウイルス科に属する小型の球形状のウイルスであり、人の腸管(小腸上部)でのみ増殖する(図2.10)。ノロウイルスの感染力は強く、10～100個程度で感染し、発症する。

　人がウイルスを便中に排出すると、下水を介して河川や沿岸海水が汚染され、カキなど二枚貝類の中腸線に蓄積する。土壌や河川などに広く

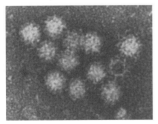

出典)　国立医薬品食品衛生研究所:「ノロウイルスとは」
http://www.nihs.go.jp/fhm/fhm4/fhm4-nov011.html

図2.10　ノロウイルス[18]

分布しているが、自然環境中や二枚貝類の体内では増殖しない。

　原因食品は多く、生または加熱不十分な二枚貝（主にカキ）の接触や、ノロウイルスに感染した調理従事者などの手指などを介して二次汚染された食品での感染が多い。

2.3　寄生虫による食中毒の原因と対策

　生鮮魚介類や肉類、野菜などには、寄生虫がいることがある。人が食べると激しい腹痛やおう吐などの症状を起こす。寄生虫によっては重篤になる場合がある。以下では、寄生虫が原因となった食中毒の事例および対策例を述べる。

◆**事例10　患者１人でも食中毒事故になるアニサキス食中毒**

　2022年保健所が、飲食店でイワシの刺身などを食べた男性に、吐き気や腹痛の症状が出て、胃から寄生虫のアニサキスが見つかったと発表した。同保健所はアニサキスの食中毒と断定し、同店での冷凍食品を除く生食用魚介類の提供を１日間、停止処分とした。

【想定原因】

　本事例は、鮮魚（未凍結の魚）のイワシに付着していたアニサキスが食中毒の原因と考えられる。未凍結の魚にはアニサキスがいるという知識が飲食店側になかったか、もしくはアニサキスの知識はあったが過去に自店で発生したことがないために大丈夫と思っていたことが原因と考えられる。

【対策例】

　−20℃で24時間以上凍結した魚を刺身として提供すれば、食中毒事故を防ぐことができる。しかし、刺身は凍結していない魚を生で食べることが多いため、新鮮なものを選び、早期に内臓を除去することが重要である。また、生餌を与えていない養殖魚を使用することも対策の一つとなる。

事例10

【アニサキスの特徴】

　アニサキスは寄生虫（線虫）の一種で、その幼虫（アニサキス幼虫）は、サバ、アジ、サンマ、カツオ、イワシ、サケ、イカなどの魚介類に寄生する（図2.11）。

　アニサキス幼虫は、寄生している魚介類が死滅し、時間が経過すると内臓から筋肉に移動する。アニサキス幼虫は、人の体内では成虫になれないので通常排泄されるが、魚を生で食べたとき、まれに人の胃や腸壁に侵入し、多くが8時間以内に主に激しい腹痛を生じる（アニサキス症）。吐き気、おう吐、じんましんなどの症状を伴う場合もある。これらの症状は胃けいれん、胃潰瘍、虫垂炎などの症状と類似している[20]。一般的には次の対策が必要である。

　　①　魚介類を生食する際には、より新鮮なものを選び、早期に内臓

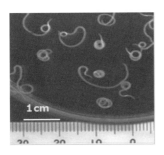

出典）厚生労働省：「アニサキスによる食中毒を予防しましょう」
https://www.mhlw.go.jp/stf/seisakunitsuite/bunya/0000042953.html

図2.11　アニサキス[19]

を除去し、低温(4℃以下)で保存する。

② 凍結する(中心部まで−20℃以下で24時間以上)。凍結するとアニサキス幼虫は感染性を失う。

③ 加熱する(70℃以上、または60℃以上で1分間以上)。

通常の料理で用いられる程度のワサビ、醤油、酢などではアニサキスは死なないことに注意する。

◆事例11　養殖ものの使用で防げるクドア食中毒

　2017年6月の2日間、T県厚生部は同県内の飲食店で食事をした30代から80代にかけての2グループ18名が、おう吐や下痢などの食中毒症状を訴えているとの届け出を受けた。調査の結果、患者の便から寄生虫クドア・セプテンプンクタータ(粘液胞子虫類)(以下、クドア)が検出された。原因食材はヒラメの刺身と考えられ、この店を1日間の営業停止処分にした。

【想定原因】

本事例では、患者の便から寄生虫クドアが検出された。クドアはヒラメに寄生し、凍結によって死滅することから、鮮魚(未凍結の魚)のヒラメが原因と考えられる。

【対策例】

食中毒の対策としては凍結することが有効であると考えられるが、食中毒防止対策がとられた養殖ヒラメを使用することも対策の一つである。

水産庁より養殖ヒラメに寄生したクドアによる食中毒の防止策[21]が示されており、養殖業者はその対策を実施している。また、大分県のように県が食中毒対策を講じ養殖業者を指導している場合もある[22]。

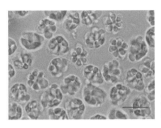

出典) 厚生労働省:「クドアによる食中毒について」
https://www.mhlw.go.jp/stf/seisakunitsuite/bunya/000
0133250.html

図2.12 クドア[23]

事例11
事例12

【クドアの特徴】

クドアの胞子はヒラメの筋肉中に寄生する(**図2.12**)。クドアが大量に寄生したヒラメを生で食べると、食後数時間後に一過性の下痢やおう吐の症状が起きる。過去の事例から、一人当たり摂取する総胞子数がおおむね10^7個(1千万個)を超えると発症すると推定される。症状は軽度で、速やかに回復する。なお、筋肉1グラム当たりクドアの胞子数が1.0×10^6個を超えることが確認された生食用生鮮ヒラメは、食品衛生法第6条(不衛生食品等の販売等の禁止)に違反するものとして取り扱うこととされている[24]。

一般的には次の対策が必要である。

① 凍結する(-20℃以下で48時間以上)。

② 加熱する(中心温度75℃以上で5分間以上)。

◆事例12 馬肉の寄生虫、サルコシスティス食中毒

2011年9月、F県内で馬肉の寄生虫サルコシスティス・フェアリー(以下、サルコシスティス)による食中毒が発生した。同県保健福祉環境事務所の調査によると、19時頃に家族2名が自宅にて夕食(馬刺しを含む)を食べ、翌日2〜5時頃、2名とも下痢、腹痛などを発症した。また、別の家族5名も、同様に19時頃、自宅にて夕食

（馬刺しを含む）を食べ、うち2名が当日22時〜翌日6時頃に下痢などを発症した。有症者4名の共通食はK県内の同一食肉販売店で購入した「馬刺し（冷蔵）」で、有症者を含む2家族7名全員が摂取していた。馬刺しを検査した結果、サルコシスティスが確認された。よって、最終的に馬刺しを原因とする食中毒として行政処分が行われた[25]。

【想定原因】

　患者の便からサルコシスティスが検出され、サルコシスティスは馬肉に寄生し、凍結によって死ぬことから、凍結していない生食用馬肉（馬刺し）を摂取したことによると考えられる。

【対策例】

　−20℃以下で48時間以上凍結した馬肉を馬刺しとして提供すれば、食中毒事故は防ぐことができる。2011年6月17日に、厚生労働省の通達により生食用馬肉は凍結し、流通・販売するというガイドラインが出ている[26]。

【サルコシスティスの特徴】

　サルコシスティスは馬などの筋肉部分に寄生するが、人に寄生することは報告されていない。サルコシスティスが多数寄生した馬肉を生で食べると、数時間（4〜8時間程度）で一過性の下痢、おう吐、腹痛などの消化器症状が起きる。症状は軽度で、速やかに回復する。

　サルコシスティスは、馬を中間宿主（寄生虫の発育段階で寄生する生物）とし、犬を終宿主（寄生虫がその体内で成虫まで発育する宿主）とする。感染した犬のふん便で汚染された飼料や水を介して馬が感染し、馬

肉を食べた犬が再び感染する[27]。

一般的には次の対策が必要である。

① 凍結する（−20℃で48時間以上、−30℃で36時間以上、−40℃で18時間以上、いずれも中心温度）。

② 加熱する（中心まで火が通るように十分に加熱する）。

【その他の寄生虫由来食中毒：旋尾線虫（せんびせんちゅう）】

旋尾線虫（図2.13）は、ホタルイカ、スケトウダラ、ハタハタ、スルメイカなど、海産魚介類の内臓に主に寄生しているが、食中毒として主に問題となっているのは、ホタルイカである。生食後、数時間から2日程度腸閉塞症を引き起こす急性腹症型もしくは2週間前後で皮膚爬行症（幼虫が、皮下に迷入（めいにゅう）（迷い込むこと）することにより、皮膚にみみず腫れができ、移動する。水ぶくれができることもある）を起こす皮膚爬行症型の症状を示す[29]。一般的な対策は次のとおりである。

① 加熱する（沸騰したお湯で30秒以上、もしくは中心温度で60℃以上の加熱）。

② 凍結する（−30℃で4日間以上、−35℃（中心温度）で15時間以上、−40℃で40分以上）。なお、家庭用の冷凍庫（およそ−18℃）では死滅しないので、注意が必要である。

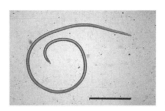

出典）　国立感染症研究所：「旋尾線虫とは」
https://www.niid.go.jp/niid/ja/kansennohanashi/431-spiruria-intro.html

図2.13　旋尾線虫[28]

2.4 ヒスタミンによる食中毒の原因と対策

　食中毒は病原性微生物やウイルスによるものの他に、化学物質が原因の食中毒もある。その一つがヒスタミンによる食中毒である。その症状は、顔が赤くなる、じんましんが出るなど、食物アレルギーの症状と、よく似ていることから、アレルギー様食中毒とも呼ばれている。以下に、ヒスタミンが原因となった食中毒の事例および対策例を述べる。

◆事例13　食べてすぐに症状が出るヒスタミン食中毒

　2011年、保育園でヒスタミンによる食中毒が発生し、園児17名が発症した。午前10時55分から給食を食べたところ、午前11時20分から午前11時35分にかけて、1歳から3歳の園児17名に発疹や顔面が赤くなるなどの症状が現れた。いずれも軽症で、17名は園内でつくられた給食を食べていて、保健所は給食に含まれていたさんまの梅みそ焼きが原因としている。保育園には4日間の給食の提供停止処分が下された[29]。

【想定原因】

　保健所がヒスタミンの検査を実施したところ検食(さんまの梅味噌焼き)から8.8mg/100g、残品から120mg/100gを検出した。なお、未加熱さんまからはヒスタミンは検出されていない。そのため、未加熱さんまの低温解凍を行っていなかったこと、または調理工程中の出しっぱなしで低温保管をしていなかったことなどが原因で、ヒスタミン産生菌が増殖し、ヒスタミンを産生したことが、食中毒の原因と推定される。

　一定の量のヒスタミンを摂取すると症状が出るが、日本国内においてはヒスタミンの基準量は定められていない。過去のヒスタミン食中毒事

例から、ヒスタミンを摂取して症状が出るのは、大人1人当たり22〜320mgと報告されている。しかし、今回は保育園園児であることから少量にもかかわらず症状が出たものと思われる。

【対策例】

　鮮度が良い原材料を使用し、低温管理(例えば、解凍するときは、冷蔵庫内解凍または時間を管理しながら流水解凍を行う、魚を調理しないときはこまめに冷凍庫に保管するなど)をしながら調理することが必要である。

事例13

【ヒスタミン食中毒の特徴】

　多くの場合、食べた直後から1時間以内に、顔面、特に口の回りや耳たぶが赤くなる。また、じんましん、頭痛、おう吐、下痢などの症状が出る。たいてい6〜10時間で回復する。重症の場合は、呼吸困難や意識不明になることもあるが、死亡事例はない。原因となる食品はヒスチジンというアミノ酸が多く含まれる赤身魚(マグロ類、カツオ類、サバ類など)とその加工品がほとんどである。ヒスタミンによる食中毒は赤身魚を常温に放置する、凍結・解凍を繰り返すなどの不適切な管理が行われた結果、ヒスタミン産生菌が増殖し、ヒスタミン産生菌がもつ酵素の働きでヒスチジンがヒスタミンへと変わっていく。ひとたび産生されたヒスタミンは、加熱しても分解されない。

　ヒスタミンの産生には微生物が深く関与しているが、厚生労働省食中毒統計資料による『全国食中毒事件録』(日本食品衛生協会)では化学性食中毒として分類されている。そのためHACCPの危害要因分析には化学的危害要因として分類される[30]。

　一般的には次の対策が必要である。

　　①　魚を生のまま保存する場合は、速やかに冷蔵する。

② 解凍においては、魚の低温管理を徹底する。

③ ひとたび蓄積されたヒスタミンは加熱をしても分解しないため、鮮度が低下した魚は使用しない。

④ 信頼できる業者から原材料を仕入れるなど、適切な温度管理がされている原材料を使用する。

⑤ ヒスタミンが高濃度に蓄積される食品を口に入れたときに唇や舌先に通常とは異なる刺激を感じる場合があり、その場合は食べずに処分する。

●第2章の参考文献

［1］ 厚生労働省：「食中毒統計資料」
https://www.mhlw.go.jp/stf/seisakunitsuite/bunya/kenkou_iryou/shokuhin/syokuchu/04.html（2022年10月30日確認）

［2］ 国立感染症研究所：「IASR Vol.18 No.11 November 1997 調理器具を介した二次汚染が原因と推定された学校給食によるサルモネラ食中毒事例―熊本市」
https://idsc.niid.go.jp/iasr/18/213/dj2134.html（2023年2月12日確認）

［3］ 内閣府食品安全委員会ホームページ（食中毒予防4のポイント）より
https://www.fsc.go.jp/sonota/shokutyudoku.html（2023年2月12日確認）

［4］ 東京都福祉保健局：「こうしておこった食中毒【家庭編】②一夜漬けによる腸炎ビブリオ食中毒」
https://www.fukushihoken.metro.tokyo.lg.jp/shokuhin/foods_archives/foodborne/home/home_02/index.html（2022年11月19日確認）

［5］ 東京都都政情報：「報道発表資料 福祉保健局 食中毒の発生について 中野区内の公立小学校が調理し提供した給食で発生した食中毒」
https://www.metro.tokyo.lg.jp/tosei/hodohappyo/press/2020/10/30/02.html（2022年11月19日確認）

［6］ 相葉実希、佐藤大、加畑澄子：「区立小学校の給食によるカンピロバクター食中毒について」、『食品衛生研究』、Vol.72、No.2、pp.25-29、2022年

［7］ 埼玉県「老人ホーム等における食中毒予防の徹底について」
https://www.pref.saitama.lg.jp/documents/19824/02-kouroushou-tsuuchi.pdf（2022年11月19日確認）

［8］ 厚生労働省：「食品等事業者の衛生管理に関する情報 大量調理施設衛生管

理マニュアル」

https://www.mhlw.go.jp/file/06-Seisakujouhou-11130500-Shokuhinanzenbu/0000168026.pdf（2022年11月19日確認）

［９］　東京都福祉保健局：「テイクアウトや宅配された弁当等により発生した食中毒事例　事例１：調理従事者の手指を介した黄色ブドウ球菌食中毒」

https://www.fukushihoken.metro.tokyo.lg.jp/shokuhin/kyoka/takeout_fp.html（2022年11月19日確認）

［10］　八王子市保健所：「令和３年度（2021年度）市内の食中毒事例とその対策」

https://www.city.hachioji.tokyo.jp/kurashi/hoken/007/017/002/p026974_d/fil/HPeisei2.pdf（2022年11月10日確認）

［11］　食品安全委員会：「ファクトシート（ウェルシュ菌食中毒）」

https://www.fsc.go.jp/factsheets/index.data/factsheets_clostridiumperfringens.pdf（2022年11月10日確認）

［12］　国立感染症研究所：「セレウス菌感染症とは」

https://www.niid.go.jp/niid/ja/kansennohanashi/427-cereus-intro.html（2023年４月４日確認）

［13］　食品安全委員会：「ファクトシート（セレウス菌食中毒）」

http://www.fsc.go.jp/sonota/factsheets/06bacillus_cereus.pdf（2022年11月20日確認）

［14］　熊本県健康福祉部健康危機管理課：「報道資料　ボツリヌス毒素による食中毒の発生について　令和３年（2021年）７月29日発表」

https://www.pref.kumamoto.jp/uploaded/life/105184_172772_misc.pdf（2022年11月10日確認）

［15］　内閣府食品安全委員会：「ファクトシート（ボツリヌス症）」

https://www.fsc.go.jp/factsheets/index.data/20210330botulism.pdf（2022年11月10日確認）

［16］　西尾治：『施設管理者のためのノロウイルス対策Q&Aブック』、幸書房、2013年、pp.108-111

［17］　厚生労働省：「薬事・食品衛生審議会食品衛生分科会食中毒部会　資料３　食中毒対策について（ノロウイルス、カンピロバクター、腸管出血性大腸菌）」

https://www.mhlw.go.jp/file/05-Shingikai-11121000-Iyakushokuhinkyoku-Soumuka/0000155507.pdf（2022年11月10日確認）

［18］　国立医薬品食品衛生研究所：「ノロウイルスとは」

http://www.nihs.go.jp/fhm/fhm4/fhm4-nov011.html（2023年４月14日確認）

［19］　厚生労働省：「アニサキスによる食中毒を予防しましょう」

https://www.mhlw.go.jp/stf/seisakunitsuite/bunya/0000042953.html（2023年4月4日確認）

[20] 内閣府食品安全委員会：「ファクトシート（アニサキス症）」
https://www.fsc.go.jp/sonota/factsheets/factsheets_anisakidae.pdf（2022年11月20日確認）

[21] 水産庁：「養殖ヒラメに寄生したクドアによる食中毒の防止対策」
https://www.jfa.maff.go.jp/test/saibai/hirame.html（2022年11月20日確認）

[22] 大分県：「ヒラメによる食中毒の防止対策ガイドラインについて」
https://www.pref.oita.jp/soshiki/16400/kudoa-2018.html（2023年2月11日確認）

[23] 厚生労働省：「クドアによる食中毒について」
https://www.mhlw.go.jp/stf/seisakunitsuite/bunya/0000133250.html（2023年2月11日確認）

[24] 東京都福祉保健局：「食品衛生の窓（クドア・セプテンクタータ）」
https://www.fukushihoken.metro.tokyo.lg.jp/shokuhin/musi/29.html（2022年11月20日確認）

[25] 国立感染症研究所：「馬刺しを原因とする食中毒─福岡県」
https://www.niid.go.jp/niid/ja/route/intestinal/1471-idsc/iasr-in/1515-kj3842.html（2023年2月12日確認）

[26] 厚生労働省：「生食用生鮮食品による病因物質不明有症事例への対応ついて」
https://www.mhlw.go.jp/stf/houdou/2r9852000001fz6e.html（2023年2月16日確認）

[27] 東京都福祉保健局：「食品衛生の窓（サルコシスティス・フェアリー原虫類）」
https://www.fukushihoken.metro.tokyo.lg.jp/shokuhin/musi/30.html（2022年11月20日確認）

[28] 国立感染症研究所：「旋尾線虫とは」
https://www.niid.go.jp/niid/ja/kansennohanashi/431-spiruria-intro.html（2023年4月4日確認）

[29] 東京都：報道発表資料「食中毒の発生について 武蔵村山市内の保育園で提供された給食で発生した食中毒」
https://www.metro.tokyo.lg.jp/tosei/hodohappyo/press/2021/10/06/03.html（2023年2月11日確認）

[30] 内閣府食品安全委員会：「ファクトシート（ヒスタミン）」
https://www.fsc.go.jp/sonota/factsheets/140326_histamine.pdf（2022年11月20日確認）

第3章
異物混入の事例とその防止策

　そもそも異物混入とはどういった事象のことを指すのか。異物とは、文字通り「異なる物」のことで、その製品に本来は含まれてはいけないもののことである。その異物が製造工程や輸送工程などのどこかで混入してしまうことを、異物混入という。では、「異物混入」と聞くとどのような連想をするだろうか。テレビや新聞などで取り上げられているものとしては虫や髪の毛、糸くず、金属片など種類が多岐にわたる。ここでは3.1節でそ族・昆虫類などの生物的異物、3.2節で金属片などの物理的異物、3.3節で洗浄剤などの化学的異物を扱う。

3.1　そ族・昆虫類混入の原因と対策

　そ族・昆虫類は、人が生活する範囲でほぼすべての場所に生息すると考えてよい。食品製造施設では、そ族・昆虫類の生息をコントロールできなければ、異物混入リスクが生じる。

　そ族・昆虫類による異物混入が起こってしまうと、単に消費者からのお申し出対応や経済損失だけでなく、企業に対して不衛生なイメージをもたれ、場合によっては大きな経営リスクに発展するケースもある。ま

表 3.1　食品製造施設で代表的な、そ族・昆虫類の例

大分類	中分類	代表種
外部 侵入虫	飛来侵入	ユスリカ、クロバネキノコバエなど 大型ハエ
	歩行侵入	ゴキブリ ヤスデ、ゲジなど
内部 発生虫	残渣(食品)発生	シバンムシ ノミバエ、ショウジョウバエなど
	排水発生	チョウバエなど
	ホコリ・カビ発生	チャタテムシなど
そ族		クマネズミ、ドブネズミ、ハツカネズミ

た、そ族・昆虫類の発生は、施設内部に汚れの蓄積や設備の劣化など、施設自体が不衛生であることを示唆しており、食品衛生という面でも改善の必要がある。

　そ族・昆虫類は非常に種類が多いが、表3.1に示す大まかな分類と特徴を踏まえることで、侵入・発生の防止策を立案できる。

（1）　外部侵入虫の混入

　外部侵入虫は、屋外の緑地、水域、土壌などに成育する虫で、開放された扉や建物の隙間などから工場内へ侵入する。主に飛翔行動により移動する飛来侵入虫、歩行徘徊行動により移動する歩行侵入虫に分類される。以下に、クロバネキノコバエおよびゲジの事例とその対策について述べる。

◀事例14　工場外から飛来した小バエの給食パンへの混入

　市立小中学校2校で、給食のパン約100個にクロバネキノコバエ

（図3.1）が混入していたことが判明した。パンは、隣接する町のパン工場でつくられ、学校に直接納入されていた。虫は製造工程で混入したと見られている。市教育委員会によると、今夏、同市周辺では例年に比べクロバネキノコバエが大量発生したという[1]。

図3.1　クロバネキノコバエ

【想定原因】

　本事例では、飛来侵入虫の代表種でもあるクロバネキノコバエが工場内に入り込んだ後に、飛翔行動により製造ラインに接近し、製品に混入したものと思われる。屋外には、飛翔行動する虫が数量・種類とも多数生息しており、これらの一部が、建物の隙間や開放された扉やシャッターなどから、光や臭いによる誘引、また屋内に向かう気流により建物内部に侵入する。飛来侵入虫には小型種も多く、本事例にあるクロバネキノコバエは体長が1〜4mm程度で、家庭用の網戸（16メッシュ、目開き約1.2mm）をすり抜ける大きさである。

事例14

【対策例】

飛来侵入虫に対する対策としては、以下に示すとおり、侵入源、気流、光などの管理が重要である。

① 侵入源の管理

屋外には大小を問わず多数の昆虫類が生息している。原材料受入などで外扉を開けた場合、工場老朽化により配管周囲や壁に隙間ができた場合、網戸の目が大きすぎたり破れたりした場合など、すべて虫の侵入経路となりうる。

原材料搬入や製品の出荷などでドアやシャッターを開放する際は、必要最低限の時間や開放面積に抑え、少しでも侵入機会を減らす。建物の経年劣化により隙間が生じた箇所については、コーキング剤などでふさぐことも有効である。また、給気施設を導入することが望ましいが、費用面などで難しい場合には、目の細かい防虫用網戸で対応する。

② 気流の管理

飛翔性昆虫のほとんどは飛翔力が弱いため、工場の外から内への気流の流れとともに、工場内に侵入する場合が非常に多い。工場の加熱設備周辺の排気装置(換気扇)が稼働することで、工場内部に外気を引き込む状況(陰圧)が出来上がっている場合が多い。その場合、陰圧を避けるために排気装置と並行して給気装置を設置することで、排気量を給気量が上回る状態(陽圧)を作り出せば、虫の侵入を防ぐことができる。

また、既に給気設備を備えている工場の場合でも、給気装置に付属するフィルターの目詰まりで、給気量が排気量を下回り、外気流入が起こる場合がある。そのため、フィルターの適切な清掃や交換ルールを定めることが重要である。

③　光の管理

夜間、コンビニエンスストアの窓外に虫が集まるなど、多くの虫が光に誘引されることは周知の事実だが、実際に虫が最も反応するのは、人の目には見えない365nm付近の近紫外線とされている[2]。

この性質を利用して、人の目に見える光の部分（可視光線）を残し、近紫外線の部分をカットすることで、必要な照度を確保しつつ、虫が寄り付きにくい環境を作り出すことが可能である。具体的には、近紫外線を抑制したLED照明器具の採用や、近紫外線をカットするフィルムを窓ガラスに貼ることで、屋外にいる虫が近寄りにくくなる。

事例15

【飛来侵入虫のモニタリング（監視）方法】

飛来侵入虫に対して、継続的に駆除や動向把握を行うにはライトトラップ（捕虫器）の設置が有効である（**図3.2**）。

一般にライトトラップは、多くの飛翔性昆虫を誘引する近紫外線放出ランプと、誘引された虫を捕獲する粘着捕虫紙を備えている。

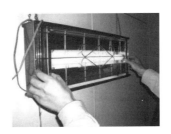

図3.2　ライトトラップ

◆事例15　食品工場におけるゲジなどの歩行侵入虫の発見

ある工場の入出荷口の隅にゲジの死骸が確認された（**図3.3**）。そこで、工場内の出入口を中心に、床置き粘着トラップを追加設置し

たところ、ヤスデやゲジといった中型の歩行侵入虫の生息が確認された。

　幸い異物混入には至らなかったが、製造ライン上で製品が開放状態になる工程があるので、異物混入の危険性があった。

図3.3　ゲジ

【想定原因】

　落ち葉や砂利の下、建物のひび割れなどに、歩行侵入虫が生息しており、その一部がエサを求め、わずかな隙間から建物に侵入する。

　本事例において、発生源を調査するために工場外周を見回ると、ところどころに落ち葉がたまり、草が生えており、歩行侵入虫の潜伏場所となっていた(図3.4)。

図3.4　屋外の落ち葉だまり

【対策例】

歩行侵入虫の対策は、以下に示すとおり、工場周辺での生息場所をなくすこと（生息源の管理）、および工場への入り口をつくらないこと（侵入源の管理）が必要である。

① 生息源の管理

歩行侵入虫は、餌となるものが多い、体を隠すことができるなどの理由により、落ち葉、石の下、腐葉土の中に多く生息している。したがって、建物外周の落ち葉や腐葉土を掃除し、除草を行うこと、コンクリートやアスファルトで舗装することで生息場所をなくす。

② 侵入源の管理

歩行侵入虫の中には、餌を求めるなどの理由により、比較的広範囲を自力で移動するものが多い。また、歩行侵入虫の多くは隙間に潜みたがる性質があり、例えばムカデのように比較的大型なものでも、わずかな隙間から侵入する。もし、工場のシャッターや外壁面に人目につかない隙間が生じていた場合、歩行侵入虫の格好の侵入口となり得る。

工場入出荷口から歩行侵入虫の侵入を防止するために、人やものが出入りする時間以外はシャッターを開放しないように従業員に注意喚起する必要がある。また、建物の経年劣化で歪みが生じることでドアやシャッターの床面に隙間が生じた場合、床面にクラック（ひび割れ）が生じた場合は、コーキング剤や防虫ブラシ、またはパッキンの設置などで閉塞することが有効である。

【歩行侵入虫のモニタリング（監視）方法】

歩行侵入虫に対して、継続的に動向把握を行うには、粘着トラップを床置きしておくことが有効である（**図3.5**）。粘着トラップは粘着面をも

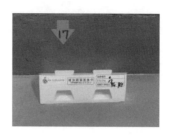

図3.5　粘着トラップ

ち、その上を偶然通過する歩行侵入虫などを捕らえるもので、安価な紙製、水濡れに強いプラスチック製などがあるので、設置する環境や費用の面から適切なものを選んで使うとよい。

（2）　内部発生虫の混入

　内部発生虫は外部侵入虫とは異なり、工場の建屋内部で世代交代（繁殖）する。表3.1に示したとおり、内部発生虫の中でも代表的なものに、残渣(食品)発生虫、排水発生虫、ホコリ・カビ発生虫がある。

　残渣(食品)発生虫は、食品や食品由来物を好む。食品工場においては、原料・製品・残渣などで発生し、シバンムシのように乾燥している場所を好むもの、ショウジョウバエなどのように水気が多い場所を好むものなどさまざまである。

　排水発生虫は、水と汚れが存在する場所、食品製造施設のウェットな環境、設備の足回りや排水系統で発生する事例が非常に多い。代表的なものとしてチョウバエが挙げられる。

　ホコリ・カビ発生虫は、屋内に生じたホコリやカビを食べる虫である。その代表種としてはチャタテムシが挙げられる。

　以下に、内部発生虫の混入事例とその対策を述べる。

◀事例16　混合工程タンク上部の粉だまりからシバンムシが混入

　コーンクリームスープを製造する工場で、シバンムシの死骸が複数の商品で認められた。商品へのシバンムシ混入の恐れが判明したため、自主回収した(**図3.6**)。これまで健康被害の報告はない[3]。

図3.6　タバコシバンムシ(シバンムシ科)

事例16

【想定原因】

　混合工程のタンク上部の駆動モーターに原料の粉末が付着し、そこでシバンムシが発生していたことから、混合タンク上部の隙間から混入したと推定される。

　シバンムシは、水分20%以下の乾燥食品を好み、わずかな粉だまりでも発生することから、乾燥食品を扱う工場で問題となる虫である。よくあるケースとして、製造ライン周辺の掃除しにくい高所や床の隅回りに粉体が堆積し、掃除漏れによりシバンムシの発生を許してしまう事例が後を絶たない。本事例においても、混合タンク上部での粉だまりを見逃してしまったことで生息を許してしまい、製品混入の恐れにつながった

ものと思われる。

【対策例】

　シバンムシを代表とした残渣（食品）発生虫の場合、エサとなる原材料の管理が最も重要である。

　シバンムシは、小麦粉が1mm以上堆積すれば生息できる[4]ため非常に厄介であるが、繁殖に必要な期間（夏場で約1カ月）よりも短い間隔で粉末などを除去・清掃するようにする。また、袋に入った状態で納品された粉体原料は、開封後は封をし、当該虫が侵入しエサとして利用できないようにすることが重要である。

　さらに、前述の外部侵入虫と同様に内部発生虫も、本来は屋外に生息しているので、入出荷口や窓からの侵入を防ぐ対策も必要である。

【残渣（食品）発生虫のモニタリング（監視）方法】

　残渣（食品）発生虫は種類も多く、動向を把握するためにはそれぞれの種類に合ったトラップを選定することが重要である。乾燥食品工場でよく使用されるのはフェロモントラップで、特にタバコシバンムシ用、ノシメマダラメイガ用は広く普及している（**図3.7**）。

図3.7　フェロモントラップ（タバコシバンムシ用）

◆事例17　豆腐の成形工程でチョウバエが混入

　ネット通販で購入した豆腐を食べようとしたところ、虫様の異物が混入していた。当該品が到着後、梱包材などを外し1時間ほど冷蔵庫で保管した後、当該品を食べるために、包丁でパッケージに穴をあけ、そこから手で半分まで開けた際、虫様の異物が乗っていることに気づいた。

　外部検査機関による鑑定の結果、異物はチョウバエ科の成虫であることが判明した（**図3.8**）。また、東京都による現地調査の結果、この異物は豆腐の成型工程で混入した可能性があるとされた[5]。

事例17

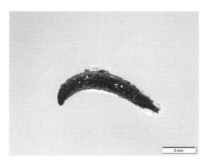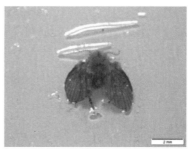

図3.8　オオチョウバエ（左：幼虫、右：成虫）

【想定原因】

　調査報告によると、施設内の製造ラインの足回りおよび付近の壁下部に当該虫の発生が確認され、これが豆腐の成型箱中の布に付着し豆腐に混入した可能性があるとされる。

　チョウバエは豊富な水気を好む性質がある。本事例においても製造環境がウェットになりがちな豆腐工場において、ラインの足回りや壁下部などの水気が残りやすい場所でチョウバエの幼虫が発生し、それが成虫となり、成形工程で混入したものと思われる。

【対策例】

　チョウバエなどの排水発生虫は、そこに水気があるだけではなく、汚れもあることが発生条件となる。したがって、排水発生虫の主な対策は、製造環境に水気のある汚れを残さない適切な清掃・洗浄であり、特に排水路や集水桝の管理は重要である。グレーチング、受け枠、排水路の床面や底面、残渣受け網などは毎日洗い流し、残渣の固着がないよう管理する。本事例の場合も、製造業者に機械の足回りおよび壁下部の毎日洗浄による残渣の除去を徹底するように指導がなされた。

【排水発生虫のモニタリング(監視)方法】

　排水には、小バエなどの飛翔性昆虫に加え、ゴキブリなどの歩行侵入虫も潜みやすいため、先に紹介した床置き粘着トラップ(図3.5を参照)、ライトトラップ(図3.2を参照)を組み合わせて、いろいろな虫の動向を把握することが必要である。

◆事例18　昆布へのチャタテムシの混入による自主回収

　だし昆布において、商品の中にチャタテムシが混入している可能性が判明したため、回収・返金する事故があった(図3.9)。これまでに健康被害は確認されていない[6]。

【想定原因】

　一般的に、食品工場においてホコリ・カビ発生虫が生息する場合、原料や包材の外装(段ボール箱)にカビが発生し、カビからチャタテムシなどが発生する事例や、施設内の壁・天井・遊休施設などでカビが発生し、同じく当該虫が発生する事例がある。

　本事例においても、何らかの原因によりチャタテムシが発生し、製造

図3.9　チャタテムシ

事例18

工程のいずれかのタイミングで製品に混入したと推定される。

【対策例】

　一般にチャタテムシは、ホコリ・カビ発生虫とされる。ホコリ・カビ発生虫に対する対策としては、以下に示すとおり、段ボール箱の使用制限、カビ発生の管理などがある。

①　段ボール箱の使用制限

　チャタテムシなどのホコリ・カビ発生虫は、その多くが 1 〜 2 mm 程度の微小昆虫であり、製造環境など大空間においては特に人目に付きにくい存在であり、同時に資材や原材料によって知らず知らずのうちに持ち運ばれてしまう存在でもある。

　チャタテムシも資材などにより持ち運ばれやすい虫だが、カビやホコリの工場内への持ち込みを防ぐことで当該虫の発生を抑制することが期待できる。そのため、工場内への段ボール箱の持ち込みを禁止し、原材料などの外装で使用している場合は、樹脂製容器への移し替えで対応す

ることが有効である。また、ほこりが付着しても樹脂製なので清掃が容易となる長所も兼ね備える。やむを得ず段ボール箱や紙袋で納品される原材料については、1週間程度で使い切れる在庫量に抑え、表面にカビの発生が見られる前に使い切るような方法も有効である。また、保管場所は生産ラインからできるだけ離れた場所に限定し、製品への混入を防止することも効果がある。

② カビ発生の管理

ホコリ・カビ発生虫が内部で繁殖してしまう場合、長期間同じ場所でカビが生えていることが原因となっていることが非常に多い。

カビの発生を抑えるためには「清掃・洗浄・殺菌・ドライ化」を工場内で実施することが原則である。基本的に微生物は「水分・栄養・温度」のいずれかの要素を最適な条件外に置くことで発生を管理できる。カビが発生しやすい環境条件は、湿度65％以上、温度は25〜28℃とされており[7]、空調機や除湿器で湿度や温度を下げることも有効である。ただし、この条件内でも、サーキュレーターなどで風を起こすことでカビ発生が抑えられる場合もある。

【ホコリ・カビ発生虫のモニタリング（監視）方法】

ホコリ・カビ発生虫には、ヒメマキムシなどの飛翔性昆虫に加え、チャタテムシなどの歩行性昆虫もいるため、床置き粘着トラップ、ライトトラップを組み合わせて虫の動向を把握する。

（3）　そ族の混入

そ族の中でも特に衛生的に問題視されるのは、都市部にも多いクマネズミ、排水を中心に活動するドブネズミ、野外の草地や圃場に多いハツカネズミであり、しばしば天井裏や壁内、製品・原料倉庫に生息して

問題を引き起こす。また、その行動により高圧電源の配電盤などに侵入し大きな事故となった事例もある。

　以下に、そ族の生息が事業所の電気事故につながった事例と、その対策について述べる。

◆事例19　発電所におけるネズミが原因の停電発生

　発電所が同時多発の停電でストップした事故で、仮設配電盤の内部の壁に、焦げた跡が見つかった。その近くには、感電死したネズミらしき小動物がいた。電力会社は、小動物が配電盤に入り込んで端子に触れ、異常な電流が流れて事故につながった可能性があるとみている[8]。

事例19

【想定原因】

　報道によると、仮設配電盤は、事故発生の2年前に設置されている。配電盤の下部から延びる電源ケーブルが邪魔となり、配電盤は密閉できず隙間が発生し、ネズミらしき小動物がその隙間から入り込んだと推測された。

【対策例】

　ネズミに対する対策としては以下のとおり、隙間対策、生息・活動場所の特定、殺鼠剤による駆除などがある。

① 隙間対策

　ネズミは、小さい個体であれば1円硬貨程度のわずかな隙間でも通過することができる。また、クマネズミなどは垂直運動が非常に得意で、電線や配管を伝って高所に上がり、高所の隙間から工場に侵入するケー

スもある。

　閉じることができない扉やケーブル引き込み口（**図3.10**）などの隙間は、ネズミが通り抜けられないよう防鼠専用ブラシなどの閉塞資材で隙間をなくすことが有効である。

図3.10　ケーブル引き込み口

② 　生息・活動場所の特定

　ネズミは基本的に夜行性で、人がいない時間帯に活動することから、仮に生息を許してしまった場合、生息の有無や活動範囲を特定することは困難である。そのため、ネズミの移動跡が見られる箇所を中心に、ネズミ用粘着板（**図3.11**）を設置して捕獲できるかモニタリングし、暗視カメラなどで生息場所を特定することが重要である。

図3.11　ネズミ用粘着板

③　殺鼠剤による駆除

ネズミの中でもよく問題を引き起こすのがクマネズミやドブネズミといった学習能力の高い種類である。特に、クマネズミは垂直運動が得意で、粘着板の間をすり抜けたり、別の経路で移動したりすることもあるので、粘着板を使用して生息するすべての個体を捕らえ尽くしてしまうことは非常に困難である。居ついてしまったネズミを駆除する方法としては、殺鼠剤による駆除方法が比較的確実性が高い。

ネズミの生息・活動場所が特定できれば、そこへ殺鼠剤を置いて駆除するのだが、殺鼠剤自体が食品に悪影響を及ぼさないように、配置場所や期間に注意を払う必要がある。

【そ族のモニタリング(監視)方法】

ネズミの動向を把握するための一般的なトラップとしては、前述のネズミ用の粘着板を使うことが多い。これは、床隅や天井裏などに駆除と動向把握を兼ねて使用される。また、屋外では殺鼠剤や無毒餌を専用ケースに鍵付きで配置し、駆除と生息確認に使用される場合もある。

3.2　物理的異物混入の原因と対策

物理的異物は、動物関連異物、植物関連異物、鉱物関連異物の3つに分類することができる。各々の異物に関して代表的な異物の事例と混入原因例に関して整理したのが**表3.2**である。

表3.2のように食品工場の環境、仕入れ原材料、機械・設備類、場合により消費者自身が異物混入の原因となることもあり、あらゆるシーンで異物混入の起こる要因は潜んでいる。本節では異物の事例としてリスクが高い金属異物、ガラス製異物、その他の硬質異物、発生頻度の高い毛髪異物を取り上げる。

表3.2　物理的異物の分類と混入原因例

分類	異物の事例	混入原因例
動物関連異物	虫類	仕入れ原材料、環境
	毛髪	従業員
	動物類体毛	消費者
植物関連異物	木片、紙片	パレット、記録紙
	糸くず	衣類のほつれ
	夾雑物	農産物
鉱物関連異物	石・砂などの自然物	仕入れ原材料
	金属製品	使用機械・器具類
	ガラスなどの人工物	

（1）　金属異物の混入

　物理的異物の中で最も危険性が高い金属異物やガラスなどの硬質異物は、厚生労働省の自主回収報告制度において最も危険度が高いCLASS Ⅰの「喫食により重篤な健康被害又は死亡の原因となり得る可能性が高い場合（主に食品衛生法第6条に違反する食品など）」に分類されている。金属異物やガラスなどの硬質異物は一度の混入で企業の信用を著しく低下させるため、異物混入を起こさない土台づくりに取り組まなければならない。以下では、金属が混入した事例とその対策について述べる。

◆事例20　給食のおかずに調理用機械の金属製ねじが混入

　個別給食を行っていた小学校で、給食のおかずから金属製のねじが見つかった（図3.12）。怪我人はいなかった。金属製のねじは長さおよそ2cmで、「五目ずしの具」に混入していた。市内で同様の報告はなかった。

図3.12　おかずから見つかった金属製ねじ

【想定原因】

事例20

市教育委員会の調査で、給食に混入したねじは調理用機械の部品だったことがわかった。教育委員会は当初、見つかったねじは給食室にある調理器具には使われていないとしていたが、再調査の結果、ごぼうをささがきにする際に野菜裁断機に取り付けるプレートのねじであることが判明した。

食品を製造する際に用いる機器や器具類には、耐久性や洗浄のしやすさから金属が多用されている。これらの金属は、金属疲労や衝撃による破損、組み付け部のゆるみなどによるパーツの脱落などによって、異物混入の原因となる可能性がある。

ごぼうをささがきにする際に使用する野菜裁断機のねじが、作業中に機械の振動や衝撃により組み付けがゆるみ、脱落したものと思われる。本来であれば機械保守の日常点検などによってゆるみや脱落を確認すべきところ、見逃したと考えられる。

【対策例】

対策としては、次のようなことが考えられる。

① 作業中に機械の異音や異常が確認された場合、機械を停止させ、作業を中止し、原因確認を行う。その際に機械、備品などに破損があった場合には破損した部分の確認ができるまでは機械を再稼働しない。

② 機械の日常点検などの確認作業が適切に行われるように、職場の意識改革、マニュアル遵守の職場風土の定着に努める。

③ 定められた点検頻度を守り、始業時、終業時の保守点検・記録を徹底する。

④ 作業マニュアルや点検内容が守りにくかったり、作業工程に見直しが必要と感じた場合には従業員全体で意見を出し合い、誰もが遵守できる作業マニュアルに改訂する。

【点検マニュアルの例】

作業マニュアルの一例として、図3.13に日常点検マニュアルの例を示す。日常点検マニュアルは、確認作業がどの従業員でも容易かつ適切に行えるようにする必要がある。昨今では、外国人の労働者も増え、日本語の表示がしてあれば十分とも限らない。アイコンや色分けで感覚的に理解しやすいような表示をすること、作業手順書の漢字にルビをふること、外国語訳をつけること、作業手順の説明に写真や動画を使うことなどの工夫が必要である（5.2節を参照）。また、製造機械・製造方法変更時に、内容を改訂し、管理責任者が改訂日を入力する。この改善活動をしっかり実施していくことでより良い日常点検マニュアルとなっていく。

日常点検マニュアルどおりの作業を確実に実施するため、日常点検記録表（図3.14）に記録を残す。食品工場においては、多くのアルバイト・パート従業員が食品を取り扱い、人の入れ替わりが頻繁な職場も多い。

文書番号 ○○-○	機械・器具類の日常点検マニュアル				作成年月日	yyyy/mm/dd
					改訂年月日	yyyy/mm/dd
					管理責任者	□□ □□
対象		頻度	作業内容		担当者	
機械類	ミキサー	作業前 作業後	羽根及び取りつけ部分の摩耗、ぐらつき、ボールにこすれ、傷がないか。		製造部 ○○	
	スライサー	作業前 作業後	部品の目視点検。刃、ベルト及び取りつけ部分の摩耗、ぐらつき、傷はないか。異音やその他異常はないか。		製造部 ○○	
	皮むき器	作業前 作業後	給水、排水、皮の排出経路は適正か。刃、ゴムパッキン及び取りつけ部分の摩耗、ぐらつき、傷はないか。異音やその他異常はないか。		製造部 ○○	
			以下余白			
器具類	篩	作業前 作業後	破損・破れ等、異物の原因になるものはないか、結合部分の緩みや欠落の確認をする。		製造部 △△	
	計量スコップ	作業前 作業後	汚れ・傷・破損・さび等、異物の原因になるものはないか。		製造部 △△	
			以下余白			
注意事項			• 異常時には責任者へ通知し、製造を一旦中止する。 • 改善作業を行い、異常時対応欄へ日付とともに内容を記載。 • 責任者の判断を持って、製造を再開。 • 再開前には問題ないことを確認すること。			

図3.13 日常点検マニュアルの例

そうした視点から対象物、頻度、作業内容、担当者を明記する。日常点検記録表はチェックが容易にできて、不備や改善措置を書き込める欄をつくることで、しっかりとした記録ができるようになる。また、確認作業をした従業員とその内容を確認した責任者の署名(または押印、電子的な記録)が必要であり、その2つをもって記録表記載事項が確実に実

日常点検記録表

〇年〇月分　点検記録：実施者は押印する。

日付	ミキサー	スライサー	不備な点および改善措置	実施者	確認者
11月1日				●●	●●
11月2日			改善内容：＊＊＊＊		
11月3日					

図3.14　日常点検記録表の例（一部）

施されたことを保証できる。

　日常点検記録表に記録を付けながら、点検作業することで作業の漏れ・抜けを防ぎ、手順の確認もできる。また、作業を確実に行うことを当然とする職場の風土をつくることができる。

◆**事例21　調理器の金属小片が冷凍たこ焼きに混入**

　冷凍たこ焼きに、異物が混入しているとお客様からのお申し出があった。社内調査の結果、異物は、生産ラインのたこ焼きを焼くプレートから剥離したアルミニウムが主成分の金属小片である可能性が高いことがわかった。対象異物は食べても体外に排出されるが、大きさによっては口や食道などを傷つける可能性があると判断し、自主回収した。この件に関して健康被害の報告はなかった。

【想定原因】

　たこ焼きを製造する際の熱や回転時の摩擦などによって金属片が、たこ焼きプレートから剥離したと考えられる。

【対策例】

　対策としては、次のようなことが考えられる。

① 本事例のような薄く剥離した金属片は、製造工程中での目視による発見は困難なこと、金属検出器などの異物除去工程もすり抜ける可能性があることから、まずは金属異物を「入れない」管理が重要となる。毎日使用する器具には経年劣化やパーツの脱落などの可能性が常に存在することから、始業時・終業時の点検を徹底して行う。また、清掃や洗浄の際にプレートの摩耗や劣化による剥離の有無を確認する。

② 日常的なメンテナンスだけでなく、頻度を定めたメンテナンスも必要である。取扱説明書や実際の使用状況から定期的な点検を行い、トラブルなどの発生状況を見ながら頻度の見直しを進める。また、目視や手指で直接触れ、摩耗や劣化などからくる異物確認を適切に行うなど、より効果的なメンテナンスを行う。

事例21
事例22

◆事例22　食肉用すじ切りカッターの破片がカルビ肉に混入

食肉加工業では、肉に切り込みを入れることで、柔らかく仕上げる、すじ切りという作業を行う。すじ切りに使用した器具の刃こぼれが、製品出荷時に判明した（図3.15）。1.5mm程度の金属片のため、飲み込んだときに、食道、胃、腸などを傷つける恐れがあるとして自主回収された。

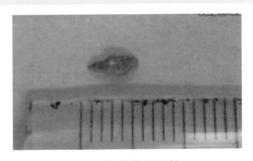

図3.15　器具刃こぼれ

【想定原因】

　肉のすじ切り時に刃こぼれを確認できておらず、出荷時に判明したことから、使用器具類の日常点検が始業時、終業時などと決められた頻度で行われていなかった可能性が高い。

【対策例】

　事例20と同様の対策を行う。

◆事例23　充填用ポンプの摩耗した鉄粉が牛乳に混入

　乳業メーカー製造の牛乳に異物が見つかり、自主回収すると発表した。これまで健康被害は確認されていないという。同社の調査によると、充填用ポンプの軸がずれて鉄粉が生じ、混入したと見られる。

【想定原因】

　充填用のポンプの軸がずれて、鉄粉が生じたことが直接の原因と想定されるが、日々の業務の中で充填用のポンプに対する清掃や点検が正しく行われていなかったことが真の原因である。

【対策例】

　対策としては、次のようなことが考えられる。

　①　鉄粉のような細かいものは目視では発見しにくい。そのため混入させないことが重要である。本事例では軸のズレが早期に発見できていれば問題が起こることはなかったと考えられる。始業時の確認、終業時の確認を行うことで、製造機器が正常に稼働していることが確認できる。

② 充填用のポンプなど機械の構造上、確認しにくいものの場合、機械メーカーと協議の上、定期的な点検頻度を決定し、パーツの交換やメンテナンスの実施を行う。

③ 確認作業が適切に行うことができるようにマニュアル整備と従業員の教育訓練を実施し、意識の向上に努めていくことが重要である。

◆事例24　製造機械の破損対応を行わず、金属製ねじが飲料に混入

飲料メーカーで製造した飲料に金属のねじ片が2つ混入していた。社内調査の結果、工場の充填バルブ内側のステンレス製ねじ2本が破損し、ねじの頭部分が混入したとのこと（図3.16）。点検で破損が判明していたが、対策が取られていなかった。被害の拡大はないという。

事例23
事例24

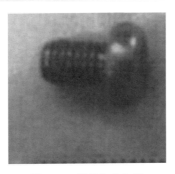

図3.16　混入したねじ

【想定原因】

充填バルブ内側のステンレス製ねじが破損し、混入した。最大の問題は、点検で破損が判明していたにもかかわらず、対策が取られずに放置されたことである。点検で破損が判明した際、該当ロットの検品や設備

の現状復旧を最優先に対応すれば、消費者に異物の入った商品が届くことはなかった。破損が確認された際の報告体制、情報共有方法、是正ルールが守られていなかった可能性が高いことがうかがえる。

【対策例】

対策としては、次のようなことが考えられる。

① 点検作業で是正が必要な箇所がわかったときの対応方法や報告体制、出荷差し止め方法を整備し、遵守することを従業員に周知する。

② 機械や設備の保守点検・記録を徹底し、常に保守点検状況を確認できるようにしておく。

③ 金属検出器などの異物除去装置を使用することで、金属異物混入品が市場へ流出することを防ぐ。

【金属検出器使用時の留意点】

食品工場における金属異物の排除装置として、金属検出器がある。金属検出器使用時の留意点は次のとおりである。

① 作業開始時、作業終了時に、正しく金属検出器が動作しているかをFe(鉄)、Sus(ステンレス)の2種類のテストピースを用いて確認する。終了時にも動作確認をすることで、稼働中に生じた異常を発見できる。

② 金属検出器が反応して排除した製品(以下、排除品)の取り扱いが、重要である。金属異物混入の原因を見ると、機器の動作不良よりも、排除品の取り扱いが不適切だったことにより、排除品が正常品に混入してしまうことのほうが多い。

金属検出工程の重要性と処置の内容を良く理解している担当者のみが取り扱うルールが必要である。専用の保管ボックスを準備する、製品に

赤マジックで×印をつけるなどの工夫により、排除品の明確な識別を行う。

金属検出器をウェイトチェッカーと連続で組み込んでいる場合には、重量不良品との識別も重要である。金属検出器の排除品を重量不良品と勘違いし、再計量後に正常品と一緒にすることがないように注意する。

◆事例25　工場内持ち込み禁止の金属クリップが混入

学校給食センターで調理され、小学校で提供された給食の味噌汁に金属製のクリップが混入していたことがわかった。児童が食べる前だったため、金属製のクリップによる健康被害は確認されていない。

【想定原因】

作業従事者がなんらかの使用目的で給食センター内に持ち込んだものが、製造途上で味噌汁に落下、混入してしまったものと思われる。金属製のクリップは給食センターなどの工場では、持ち込みを禁止している。しかし、作業従事者によって持ち込み禁止物の大きさや考え方が異なるため、持ち込み禁止のルールだけでは不十分であった可能性も考えられる。

【対策例】

対策としては、次のようなことが考えられる。

① 製造に不要なものは工場内に持ち込まないことを徹底して教育する。教育にあたっては、監督責任者のもと、中堅、ベテランの従業員から新人従業員へ教育することで社内全体の理解度を高めて意識の向上を図る。

②　持ち込み禁止のルールでは、従業員によって理解の差が生まれるため、場内に持ち込んでも良いものだけを盛り込んだルールを設定することで、不要物の内容を従業員が正しく理解できるようにする。

◆事例26　金属検知器でも検出しにくい金だわしの破片が混入

「おから」の納入業者が、納入先の学校より給食に金だわしの破片と見られるステンレス製の異物1個(直径1mm、長さ2cm)が混入したとの連絡を受けた。調査の結果、給食の調理場では金だわしを使用しておらず、給食の食材納入業者の中で金だわしを使用しているのはおからの納入業者のみであることが判明した。

【想定原因】

おからの納入業者において、金だわしは従業員が持ち込んだものであることが判明した。正規使用している備品であれば、定期点検などで、消費者に異物が入った商品が届くことはなかったと思われる。しかし、それ以外のものは点検することは困難である。

また、金だわしはその形状から、破損を見抜きにくく見分けにくい。また、サイズが小さく金属検出器でも検出できない可能性が高いという特徴がある。異物混入リスクが高く、生産現場にふさわしくない金だわしを使用するという行為が本事例の混入の真の原因である。

【対策例】

事例25と同様の対策を行った上で、次の対策を追加する。

①　こびりついた汚れは、金だわしでないと洗浄できないと考えず、どのような器具を使用すれば清掃・洗浄が適切にできるかを考え、

清掃手順・方法を見直す。

② 製造現場で使用する備品にはどのような危険が存在するかを考え、工場内で使用できる備品類を見直す。

◆事例27 調理器具(缶切り)による切りくずが混入

保育所でおやつとして提供されたゼリーに直径 1 mm、長さ 2 cmの金属片が入っているのが見つかった。フルーツゼリーに使用したパイナップルの缶詰のふたの部分に同様の切りくずが残っていたことから、金属片はこの切りくずではないかと見ている。

【想定原因】

てこ式の缶切りで缶を開けたとき、切りくずが内部に落ち、その切りくずが商品に入ったことが原因である。発見された缶切りくずの破片は「直径 1 mm、長さ 2 cm」とかなり小さく、金属検出器やマグネット、X線検査機などを使用しても、検出できない可能性が高い。

事例26
事例27

【対策例】

事例25および26と同様の対策を行った上で、次の対策を追加する。

① 缶切りの場合、缶を缶切りで開ける際に、金属の切りくずが出るという当たり前の事実を従業員に周知する。

② てこ式の缶切りではなく、切りくずのリスクの少ない、缶のフチの外側を切るタイプの缶切りを使用する。

【異物の大きさの国際比較】

本項では、ねじのような大きなものから、金だわしの破片のように細長いもの、鉄粉のような目で見えないものまで、さまざまな大きさの金

属異物を扱った。国際的にはどのような大きさのものが異物とされているのだろうか。参考までに、日本、韓国、米国の事例を以下に示す。

- 日本：食品衛生法第6条「人の健康を損なうおそれがあるものの販売などを禁止」とあるが、種類や大きさなどの具体的な基準はない。
- 韓国：食品衛生法にて「長さ2.0mm以上の異物が検出されてはいけない」としている。
- 米国：FDA（米国医薬食品局）が食品中の硬く鋭利な異物が含まれていたケース190件の評価を実施し、「最大寸法7mm以下の異物は外傷・重傷の原因にはほとんどならない」と結論づけている。ただし、乳児、手術患者、高齢者などの特別なリスクグループを除く。

このように、異物のサイズは各国で異なるため、食品を輸出入する企業は考慮しておくべきである。日本では、具体的な公的基準がないため、管理すべき金属異物のサイズは製造販売元が決めることが多い。

（2） ガラス製異物の混入

金属異物の場合は、金属そのものが異物として検出される場合もあるが、ガラス製異物の場合は、器具の破損により発生する場合が多いため、異物が鋭利な形状となりやすい。そのため食べた時に口を切るなどの身体被害を発生させやすい。食品工場では原則としてガラス製器具の使用を禁じているため発生数は少ない。以下にガラス製異物混入の事例とその対策例を示す。

◇事例28 食品工場の照明器具のガラス片が混入

ポテトチップスにガラス片が混入し、購入した男子高校生が口を

切るけがをした。調査の結果、照明器具のガラスカバーが割れてお
り、その破片が落ちたことがわかった。ガラスが割れた照明器具は、
ポテトチップスを揚げる装置の出口に設置されていた。

【想定原因】

　調査の結果、ポテトチップスを揚げる装置は清掃や点検を毎日行って
いたが、照明器具は見えづらい場所に設置されており、ガラスもかなり
厚みがあったこと、これまで破損したことがなかったことから、点検項
目に入れていなかったことがわかった。照明器具のカバーに何かがぶつ
かった痕跡は見つからず、照明器具は床から3m程度の高さに設置して
いるため、接触するものもなく、日々の劣化による破損と判断された。
また、混入したガラス片も小さく透明であったために、破損に気づくこ
とができなかったとしている。

　本事例では、ガラスの照明設備があったにもかかわらず、清掃や点検
の項目に入っていなかったことが最大の原因であると考える。こういっ
た高所の照明設備などは点検項目に入っていないことも多いため、清掃、
洗浄や日常点検のマニュアルやチェックリストを整備する際には項目を
再点検する必要がある。なお、本件の後、該当照明設備は撤去されたこ
とから、もしも整理・整頓が正しく行われて、事前に不要物として撤去
されていればこういった事故は起きなかったと考えられる。

【対策例】

　対策としては、次のようなことが考えられる。

　　①　高所であってもガラス製品などリスクが存在する部分の点検や
　　　マニュアルの整備が必要である。

　　②　工場内に存在するすべてのガラス製品を調査し、「ガラスリス

事例28

ト」を作成し、各ガラス製品の点検頻度を定める。

③　上記②のガラスリストをチェックして、製造設備などの周囲に
ガラス製品や破損のリスクがあるものが存在するときには本当に
必要か検討し、可能な場合は撤去する。

◆**事例29　高齢者施設のカレーにミキサーのガラス片が混入**

高齢者施設で昼食のカレーから発見された。ある利用者の食事介
助をしていた職員が、利用者の口の中から大きなガラス片（2cm×
2cm）を発見した。幸い口の中の怪我はなかったが、施設長は外部
委託の給食業者に厳重に抗議した。

【想定原因】

給食業者の厨房で、調理中に大きなミキサーを床に落として割ってし
まったことが判明した。その破片が調理中のカレー鍋に混入し、そのま
ま盛り付けられたと思われる。厨房の責任者は「調理済みの食事からは
3m以上離れていたので混入するとは思わなかった」と言うが、調理済
みの食事は目で見てもなかなか異物が確認できない。この時点で万が一
の異物混入事故を想定して、食事をすべて廃棄すればよかったのだが、
大きな損害になるため、厨房の責任者は「きっと混入はないだろう」と、
安全を優先せず都合よく“甘い判断”をしてしまったことが最大の原因
と考えられる。

【対策例】

飲食店の厨房や調理場などでは食器や調理器具の破損は頻繁に起きて
いるのに、「今日は厨房内で事故があったので食事の提供はできません」
という日はまったくないといってよい。厨房内では破損事故が起きても

「目でチェックして混入が確認されなければそのまま提供する」ことが一般的な光景だ。そのような現場ではいつか同様の事故が起こる可能性がある。厨房内の破損事故は防げないことを前提に、その時点でどのような対処をするのかルール化する必要がある。対策としては、次のようなことが考えられる。

①　食器やガラス類が破損した場合は、破損場所から一定の距離にある料理や食材は廃棄とするというルールを定めておく。また、具体的な距離を示して誰でもわかりやすいルールを定めることが重要である。

②　「きっと混入はないだろう」という最悪を想定しない "甘い判断" をせず、確認作業が適切に行われるように職場の意識改革、企業風土の向上に努める。

（3）　その他の硬質異物の混入

　ここでは、金属・ガラス以外の硬質異物の混入事例を示す。事例としてはプラスチック製の異物のみを示すが、木片・陶器などの異物混入にも注意が必要である。

事例29
事例30

◆事例30　クッキーにマーガリン包装フィルムが混入

　販売したクッキーの原材料であるマーガリンの包装フィルム（アルミ蒸着紙）が、破れて商品の中に混入している恐れがあるため回収した。これまで健康被害はない。

【想定原因】

　マーガリンのフィルムの開封時や余った原材料の保管のための巻き直し（リパック）作業時に、はがしたフィルムの切れ端が、従業員の作業着

に付着し、製品の仕込み作業時に誤って製品に混入されたと推定される。

　本来であれば原材料からはがしたフィルムは他の作業開始までに廃棄すべきだが、作業手順が明確ではなく、従業員が原材料のフィルムの開封、保管用の巻き直し作業など、マーガリンの包装フィルムが製造現場に存在する状態で、他の作業を開始してしまったことが原因と考えられる。

【対策例】

対策としては次のようなことが考えられる。

　①　フィルムの開封作業および巻き直し作業について、所定の場所で作業を行うことで、包材の切れ端が、製品に混入しないようにする。また、切り離された包材は必ず廃棄ボックスに入れ、製造作業開始時には整理・整頓し、周りにフィルムがない状態で作業を始める。

　②　製造現場内にて不要なものが製造工程内に存在しないように整理・整頓し、作業方法をマニュアルとして周知することで全従業員が同じ内容で作業できる体制づくりをする。

◆事例31　ドレッシング充填設備のプラスチック部品が混入

　ドレッシングに1〜5mmのプラスチック片が見つかったため、自主回収した。これまでに健康被害はない。なお、以前に設備の点検を行った際に、設備の一部が破損した事故が発生し、欠損部分が作業工程内に残存した可能性があるとのことだった。

【想定原因】

製造工程で、容器に充填する設備部品の一部が破損し、製品に混入し

た可能性があった。本来であれば欠落部分のすべての破片を確認してから点検作業を終了すべきところ、破片の残存の可能性を残したまま製造を再開したことから、製品へ混入してしまったと推定される。

本事例で最も重要な点は、点検が完了しないまま製造を再開したことである。破損が確認された際の報告体制や情報共有、どのように是正するかというルールが守られていなかった可能性が高いことがうかがえる。

【対策例】
事例24と同様の対策を行った上で、次の対策を追加する。
①　設備点検の再徹底、稼働前・製造中の清掃時・終了時において、設備の破損確認を実施する。破損していることに気づく仕組みをつくり、破損時にトレース(追跡)できるようにする。コンベアやベアリングなどの消耗部品については、メンテナンス計画を立て、破損・劣化する前に定期交換する。
②　容器への充塡時には、配管などにストレーナー(メッシュ、網)を設置することで、異物の混入を設備的に防止する。

◆事例32　パンにプラスチック部品の破片が混入
パンに、プラスチック部品の破片が混入した可能性が判明したため、自主回収した。これまでの健康被害の報告はない。

事例31
事例32

【想定原因】
混入したプラスチック部品は、製造工程で使用していない材質であることが判明した。外部業者由来、荷物搬入時のパレット、従業員由来の持ち込み物の可能性がある。これらが従業員を経由し製品へ混入したのではないかと推察される。

【対策例】

対策としては次のようなことが考えられる。

① 混入した異物の原因物質に類似するものの持ち込みを制限する。こうすることで予期せぬ混入のリスクを低減することができる。

② 来訪業者の入場時のチェック体制を強化する。外部業者は入場チェック時に、持ち込む道具や部品などを記録し、退出時に破損や紛失、置き忘れなどがないかを確認することで、工場内で使用されていない備品類由来の異物混入を未然に防ぐことができる。

③ 従業員に持ち込んで良いもの以外は持ち込ませない。持ち込み禁止のルールは理解度によってばらつきが出るので、持ち込み可能なものを示すとよい。

（4）　毛髪異物の混入

異物混入で最も多く、どの食品工場でも対策に苦慮しているのは毛髪異物の混入である。以下に事例とその対策例を示す。

◆事例33　学校給食に毛髪が混入

給食センターで調理された給食に毛髪が混入していた。提供を受けた小学校では児童2名の給食に毛髪が混ざり、1名は配膳の段階で見つけ、1名は食べて気づいた。給食センターでは小中学校など6校と1保育園向けに給食を調理し、この日は計2,053食を提供した。給食センターは保健所と原因などを調べている。

【想定原因】

従業員の作業着に毛髪が付着していることから、粘着ローラー掛けが不十分であったために作業中に毛髪が落下し、給食に混入したものと思

われる。

【対策例】

　本事例の問題は粘着ローラー掛けがなぜ不十分であったかという点である。粘着ローラー掛けのマニュアルに不備があったか、作業中に着衣の乱れがあり、毛髪が落下しやすい状況にあったか、作業着の着装の仕方に問題があったなど、原因を考え、対策する。

　人間の頭毛は約10万本あり、寿命は3年から6年である[9]。生え代わりの時期はばらばらであるが、毎日抜ける。頭毛の寿命を考えると1日当たり50〜100本程度は抜け落ちる計算になる。そのため、なんらかの対策を取らないと毛髪の混入を防ぐことはできない。参考までに、毛髪の種類別寿命を**表3.3**に示す。

　食品企業の製造現場で働く従業員は毎日、頭髪や身体を洗うことは、半ば義務といえるほど重要である。そのときに抜けそうな毛髪は落下してしまう。洗髪という基本的な対策に加え、さらに以下の対策を加えることが効果的である。

　　①　出勤前の自宅で頭髪のブラッシングを約20回行う。このことで
　　　　抜けそうな頭髪はゼロに近くなる。

表3.3　毛髪の種類別寿命

毛髪の種類	寿命
頭毛	3〜6年
ひげ	2〜3年
眉毛、まつ毛	3〜5カ月
陰毛	1〜1.5年

出典）　須藤武雄・瀬田季茂：『毛髪科学図説』、
　　　　日本毛髪科学協会、1978年、pp.7-9を元
　　　　に作成

事例33

② 　出勤して更衣室で作業着に着替える前に、頭髪のブラッシング
と私服のローラー掛けを行う。更衣室の個人ロッカーは定期的に
掃除を行い、毛髪類やごみが溜まらないようにする。そうするこ
とで、更衣室で保管している作業着由来の毛髪の混入を防ぐ。

③ 　工場入室前のローラー掛けマニュアルを徹底する。入室前の前
室にてローラー掛けマニュアルに従い、頭から足先までローラー
掛けを行う。このマニュアルにはローラーを掛ける具体的な箇所、
回数を明記しておく。そうすることで従業員ごとでのローラー掛
けのばらつきをなくし、毛髪の持ち込みを防ぐ。

④ 　作業中一定間隔で現場内でのローラー掛け、作業場内にて一定
時間の間隔で従業員同士ローラー掛けを実施する。併せて作業着
の乱れや頭髪のはみ出しについて作業着の着装マニュアルにもと
づいて指摘し、着衣の乱れを是正する。

3.3　化学的異物混入の原因と対策

　化学的異物は、その物質の化学的な性質によって、食品に異味や異臭
を与え、人におう吐や下痢、神経症状などを起こす。場合によっては重
篤な健康被害につながり、死亡事故も起こりうる。

　化学的異物混入の防止は、殺菌の温度管理や、金属異物の検出器のよ
うに常時モニタリングする手立てはないことが多いため、衛生上のルー
ルづくりと、従業員の適切な行動で安全を担保する必要がある。

　化学的異物は、次の4つにグループ分けできる[10]。

① 　食品の製造施設で扱う化学品(洗浄剤、殺菌剤、殺虫剤、機械
の潤滑剤など)

② 　器具・機械からの溶出物(銅、亜鉛、鉛など)

③ 　農畜産物の生産時に使用される物質(農産物中の残留農薬、家

畜の飼育中に使用した抗生物質など)
④　動植物そのもの(フグ毒などの自然毒)や成分が変化したもの
　　(ヒスタミンなど)
　本節では、食品製造時に直接かかわる化学品と器具・機械からの溶出
物に絞って事例とその対策を述べる。

(1)　食品の製造施設で扱う化学品の混入

　洗浄剤をはじめ、殺虫剤や機械の潤滑剤、ボイラー薬品などの各種化
学品は食器や調理機械、製造環境の清潔・機能維持のために必須である
が、同時に製造工程で混入リスクがある。実際、誤って食品に混入して
しまう例が後を絶たない。種類や量によっては、食味の異常や口内の刺
激にとどまらず、おう吐や腹痛の原因になる。量産品で発生した場合、
混入が疑われる範囲が広くなり、回収の規模が大きくなる。以下では、
洗浄剤が混入した事例とその対策を述べる。

◆事例34　学校給食用の牛乳に殺菌機洗浄用の洗浄剤が混入

　2021年、学校給食の牛乳を飲んだ児童らが体調不良を訴えた。
「苦い」、「ヨーグルトのような味がする」という報告があり、27
人が腹痛や吐き気を訴えた。

　牛乳を機械で紙パックに充塡する工程で、従業員の作業ミスによ
り牛乳の殺菌機を洗うための洗浄剤を混入させてしまったという。
洗浄剤の混ざった牛乳は約3,000本流通したとみられた。

　牛乳製造会社には食品衛生法にもとづく行政指導が行われた。同
社は当該日以降に製造した牛乳をすべて自主回収した。その後、製
造工程を改善して通常操業を目指したが、翌年廃業に至った[11]。

事例34

【想定原因】

「作業ミスにより洗浄剤を混入させた」というので、牛乳の生産中でも洗浄剤を投入できる製造設備であったといえる。洗浄剤の混入原因としては次のような作業が考えられる。

- タンクのサンプリング口などを開けて洗浄剤を投入してしまった。
- 牛乳の製造ラインに洗浄剤を流し込む配管があり、牛乳の製造中にもかかわらず洗浄にかかわるスイッチ操作やバルブ操作をしてしまった。

【対策例】

対策としては、次のようなことが考えられる。

① 牛乳製造時には洗浄剤が投入できないようにミス防止措置をとる。例えば、設備の安全設計や、機械の操作の制限機能といったことが考えられる。設備の導入時や増設時には機械メーカーに相談するとよい。

② 牛乳製造機械の操作手順を明確にする。これには、直接牛乳を製造する作業だけでなく、洗浄作業についても重要である。例えば、製造作業者とは別に、洗浄にかかわる作業者がいる場合、充填作業が終わったと思い込んで洗浄作業を開始するということがありうる。

◆事例35　ドーナツの揚げ油に洗浄剤が混入

ドーナツなどの揚げパンを食べた10名が舌のしびれなどを訴えるという事故があった。原因食品はドーナツなど4種類22個であった。

店では開店前に、フライヤーの近くにあった洗浄剤を、油と間違えてフライヤーに継ぎ足し、その油で調理を行ってしまった。これ

を受け、保健所は 2 日間の営業停止処分を下した[12]。

【想定原因】

　油と間違えて洗浄剤を投入したことから、フライヤーの近くに油と洗浄剤の両方が保管されていたと推察される。また、油と洗浄剤の容器の外観が似ていたために取り違えた可能性もある。業務用油と洗浄剤はどちらも一斗缶(金属缶)入り製品が流通している。プラスチックボトル入りの製品もある。継ぎ足し用の小分け容器が似ていた可能性もある。似た形状のものが同じ場所にあれば、いつ取り違えてもおかしくない。

【対策例】

①　洗浄剤は、調理場と区別された専用の置き場で保管し、使用時だけ持ち出すようにする。

②　油と洗浄剤の容器の形状を異なるものにする。

③　油と洗浄剤の容器の形状が似ている場合、容器に目立つラベルを貼るなど注意して扱う。

【化学品の一般的な混入防止策】

　通常は食品に入らないことが前提である化学品を、製品検査によって検出することは現実的でなく、混入させないことに注力する。

　化学品の種類や使われ方によって、混入のリスクが高くなる工程はさまざまである。留意点を「化学品の保管・識別」、「化学品の使用」、「化学品についての教育」に分けて述べる。

事例35

①　化学品の保管・識別

化学品は食品、容器包装、食品製造機器、器具から離れた専用の保管

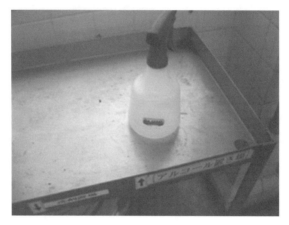

図 3.17　食品添加物置場に置かれたラベル表示がないスプレー容器

場所に置き、使用時だけ持ち出して使い、使用後は元の場所に戻すことが重要である。

　スペースが限られる厨房では、シンク周りに洗浄剤を置かざるを得ない場合もありうる。その際は、特に注意して識別しなければならない。

　洗浄剤は小分け使用することがある。メーカーから専用容器が販売されている場合はそれを使用する。品名だけでなく製品の取扱注意などが記載されているほか、洗浄剤に対応した素材や形状になっている。

　化学品の容器ラベルは剥がしてはならない。ラベルや表示が色あせやこすれで不鮮明になった場合は、速やかに容器を交換するか識別表示を貼り直す。

　図3.17は、食品添加物のアルコール置き場に、表示がないスプレーガンが置かれている写真である。ここに置かれているのがもし洗浄剤ならどうなるか考えてみてほしい。

　②　化学品の使用[13]
　各種化学品が使用対象以外の器具・設備などに付着・残留しないよう

にする。器具・設備への付着を防ぐには、化学品の使用時に養生することや、洗浄剤のように一時的に付着するものは、適切にすすぎを行うことが重要である。なお、ジェット水流のような勢いのある水ですすぐと、化学品を飛散させることがあるので、注意が必要である。

　原則として食品取扱時には化学品を使用しないことが重要である。例外として飲食店での皿洗いなど、食品を扱う場所・時間に化学品を使わざるを得ない場合は特に注意する。

　また、化学品の種類や使用する噴射器具などによって、飛散しやすさや有害性の程度が異なるため、ラベル表示やメーカーの指示を守って使用する。さらに使用後に食品接触面に不適切に化学品が残らないように、化学品を使用する作業手順を明確にする。

　食品製造機器に洗浄剤を投入するための開口部がある場合、洗浄剤の誤投入を防止することはもちろん、コンピューター制御や手動バルブ操作で洗浄剤を投入できる場合、食品を扱っているときに誤操作しないように、操作手順を明確にしなければならない。

　③　化学品についての教育
　化学品の混入防止を機能させるためには、従業員に化学品についての基本的事項を教育する必要がある。

　類似の外観のものが多い、食品に混入しても外観上判別しにくいものがあるといった化学品の特徴を教育内容に組み入れる必要がある。そういった教育を行った上で、例えばアイコンや色分けで感覚的に理解しやすいような表示をすることで、より安全な化学品の取扱いができるようになる。

（2）　器具・機械からの溶出物
食品工場で使用する食器や調理器具、タンクなどの製造設備は、コー

ティングや表面処理によって、銅などの金属が溶出しないような仕様となっている。しかし、表面に傷みがあったり、汚れが残っている状態で酸性の飲食物をつくったり保管すると、銅などの金属が食品へ溶け出し、中毒を起こすことがある。以下では、銅が溶出して、健康被害が出た事例とその対策を述べる。

◆事例36　傷んだ水筒に酸性のスポーツ飲料を入れ、銅が溶出

　スポーツ飲料を飲んだ6名が苦味を感じ、頭痛、めまい、吐き気などの症状を呈した。

　問題となったスポーツ飲料は、本来乳白色のものだが青緑色になっていた。水筒の内部には褐色の付着物が確認された。残っていたスポーツ飲料からは高濃度の銅（880ppm）が検出され、水筒の内部の付着物の主成分も銅であった。

　スポーツ飲料は、当日午前7時半ごろに水筒に詰められ、午後2時ごろまで6時間保管されていた[14]。

【想定原因】

　この水筒の保温材には銅が使用されていた。通常、保温材は飲料と接触しないが、水筒内部に一見してわからない程度の破損があったため、飲料が保温材と接してしまう状態であった。そのため、酸性飲料の長時間保管によって、中毒を起こす濃度まで銅が溶出したといえる。

【対策例】

①　水筒の使用注意事項をよく確認する必要がある。構造や材質を工夫し、スポーツ飲料に対応している水筒もあるが、本事例の水筒は対応していなかったと考えられる。

②　使用する前に内部を確認すること。傷や錆がある場合、金属の溶出につながる恐れがある。傷や錆は、化学的危害に加え、洗浄不良による生物的危害や、錆自体による物理的危害の原因にもなる。

③　酸性の食品では、容器・器具・設備の材質によって、銅などの金属溶出のリスクがあることを知る必要がある。

◆事例37　古いやかんで酸性のイオンドリンクをつくり銅中毒

イオンドリンクを飲んだ高齢者13名がおう吐症状を呈した。

やかんに残っていたイオンドリンクは、本来の色と異なり青緑色になっており、分析により200ppmの銅が検出され、銅による食中毒と特定された。やかん内面上部に黒ずみ部分が残っており、溶出試験を行ったところ、ここからも銅が検出された。

このやかんは約10年使っている古いステンレス製のものであった。毎日2回の湯沸かしのほか、玄米茶をつくることはあったが、酸性のイオンドリンクをつくったのは初めてであった[15]。

【想定原因】

長期間の使用によって、ステンレス製やかんの内部に、水道水などに由来する銅が蓄積していた。その状態で酸性のイオンドリンクをつくり保管したため、銅が溶出したと考えられる。

事例36
事例37

【対策例】

使用する前に内部を確認しなければならない。変色がある場合、容器の素材以外の金属が付着していることがある。その状態で酸性の食品・飲料をつくったり、保管したりしない。

【器具・機械からの金属溶出に対する一般的な防止策】

　金属溶出は滅多に起きないものであることから、異常を検出する仕組みよりも、発生させない管理に注力すべきである。金属溶出防止のために留意する点を、「使用方法」と「保守点検」に分けて述べる[16]。

① 使用方法
- 金属溶出の原因となる酸性の食品を知っておくことが重要である。例えば、炭酸飲料、スポーツ飲料、イオンドリンク、乳酸菌飲料、ワイン、レモン、酢のもの、梅干しなどが挙げられる。成分として乳酸、炭酸、ビタミンC、クエン酸などを多く含む物は酸性の食品である。
- 容器、機器の説明書・注意表示をよく読み、使用方法の制限を守ることが重要である。適していない容器での酸性食品の調製、長期保管を避ける。特に、銅製の容器・調理器具は酸性食品を入れたままにすると、金属溶出のリスクが高いため、メーカーの指示に従って取り扱う。

② 保守点検
- 使用前に、容器内に錆や傷、汚れがないかを確認する。設計としては溶出しないものでも、表面が劣化することで金属が溶出しやすくなっている恐れがある。また、素材自体が酸に耐えるものでも、長期間の使用で銅が蓄積していると中毒の原因になる。
- 炭酸飲料のディスペンサーでは、逆流が起きると供給管が腐食し、金属が溶出する恐れがあるため、メーカーが指定する使用方法を守り、適切な保守点検を行うことが重要である。

●第3章の参考文献

[1] 産経新聞：「小中学校2校、給食のパン約100個にハエ混入「取り除いて食べて」と指導」
https://www.sankei.com/article/20130930-SGL5WSQHPRILDIHKCLWTQQDXQM/（2022年10月12日確認）

[2] 平尾素一：「走光性昆虫による異物混入とその対策」、『環動昆』、13(3)、pp.163-171、2002年

[3] リコールプラス
https://www.recall-plus.jp/info/44410（2022年10月12日確認）

[4] 渡辺信子、高橋朋也、辻英明：「ジンサンシバンムシの生育と粉餌層の厚さとの関係」、『ペストロジー学会誌』、12(1)、pp.47-49、1997年

[5] 東京都福祉保健局：「令和2年度　食品衛生関係苦情処理集計表　Ⅸ　苦情・相談事例(PDF)」
https://www.fukushihoken.metro.tokyo.lg.jp/shokuhin/foods_archives/publications/complaintHandling/pdf/complaintHandling_r2/complaintHandling_r2-09.pdf（2022年10月12日確認）

[6] リコールプラス
https://www.recall-plus.jp/info/44304（2022年10月12日確認）

[7] 日本防菌防黴学会編：『菌・カビを知る・防ぐ60の知恵』、化学同人、2015年、p.9

[8] 東京新聞：「福島第一原発の停電　原因はネズミか　仮設配電盤内で感電死」
https://genpatsu.tokyo-np.co.jp/page/detail/48（2022年10月12日確認）

[9] 須藤武雄・瀬田季茂：『毛髪科学図説』、日本毛髪科学協会、1978年、pp.7-9

[10] National Restaurant Association：*Servsafe Coursebook*, Prentice Hall, 2009, p.3-2, p.3-3.

[11] 朝日新聞デジタル：「業者のアルカリ洗剤の混入が原因」、2021年12月29日配信
https://www.asahi.com/articles/ASPDY0PNYPDXPTIL022.html?iref=pc_ss_date_article（2022年10月13日確認）

[12] ITメディアビジネスオンライン：「油と間違え洗剤入れてドーナツ揚げ、販売」、2016年6月17日配信
https://www.itmedia.co.jp/business/articles/1606/17/news135.html（2022年11月27日確認）

[13] ジェフリー・T・バラク、メリンダ・M・ヘイマン編、日本HACCPトレーニングセンター翻訳：『HACCPその食品安全のための系統的アプローチ』、鶏

卵肉情報センター、2019年、p.63

[14]　東京都福祉保健局：「食品安全FAQ」
https://www.fukushihoken.metro.tokyo.lg.jp/kenkou/anzen/food_faq/chudo
ku/chudoku29.html（2022年10月22日確認）

[15]　国立保険医療科学院：「No.21003　古いステンレス製やかんで調製した酸性
飲料による銅の食中毒」
https://www.niph.go.jp/h-crisis/archives/290431/（2022年11月20日確認）

[16]　厚生労働省：「器具及び容器包装のカドミウム及び鉛に係る規格の改正に関
するQ&Aについて　食安基発第0811001号」、平成20年8月11日、Q22、Q23
https://www.mhlw.go.jp/file/06-Seisakujouhou-11130500-Shokuhinanzenbu/
080811-1_2.pdf（2023年4月4日確認）

第4章
誤表示の事例とその防止策

　本章では、4.1節でアレルゲンに関する誤表示・表示欠落を扱い、4.2節で期限表示に関する誤表示・表示欠落を扱う。なお、包装段階における誤表示・表示欠落は、アレルゲン・期限表示共通の原因・対策となるため4.2節で扱うこととする。

　第1章で述べたように、2021年における製造者起因の食品リコール（自主回収）原因の3分の2は、誤表示・表示欠落である。誤表示・表示欠落は包装工程で起こるので、包装工程担当者のみが気をつければ良いと思いがちだが、実際はさまざまなプロセスが関係している。表4.1に松本[1]がまとめた回収理由による食品リコールの分類より、誤表示・表示欠落につながるものを抽出した。包装工程・商品設計段階による誤表示・表示欠落が多いが、製造工程・原材料調達段階が起因するものも発生している。

　プロセスごとの回収理由の内訳を見ると、包装工程においては97%が誤表示・表示欠落(賞味期限表示23%、消費期限表示25%、アレルゲン45%、その他の誤表示4%)、商品設計段階においては94%が誤表示・表示欠落(アレルゲン77%、一括表示17%)と大部分を占めており、両プロセスでは誤表示・表示欠落対策が重要である。

　アレルゲンの誤表示・表示欠落に関しては、（包装工程以外の）製造工

表 4.1　2021年に厚生労働省に自主回収報告があった回収理由の分類

プロセス	回収理由	件数	小計中の比率
包装工程	賞味期限表示の誤表示・表示欠落	164	23%
	消費期限表示の誤表示・表示欠落	173	25%
	アレルゲンの誤表示・表示欠落	312	45%
	その他誤表示・表示欠落	26	4%
	その他包装工程	19	3%
	包装工程　小計	694	—
(包装工程以外の)製造工程	アレルゲンのコンタミネーション	7	2%
	アレルゲンの欠落(原料誤使用)	23	8%
	その他(包装工程以外の)製造工程	270	90%
	(包装工程以外の)製造工程　小計	300	—
商品設計段階	アレルゲンの誤表示・表示欠落	150	77%
	一括表示の誤表示・表示欠落	34	17%
	その他商品設計段階	11	6%
	商品設計段階　小計	195	—
原材料調達段階	アレルゲンのクロスコンタミネーション	0	0%
	アレルゲンの表示欠落、その他の誤表示	4	4%
	その他、原材料調達段階	93	96%
	原材料調達段階　小計	97	—
合計		1,286	—

注)　松本[1]を元に作成

程10%(コンタミネーション*2％、欠落8％)、原材料調達段階における表示欠落その他の誤表示4％など、食品製造のいずれのプロセスでも発生している。

＊コンタミネーションとは、食品を製造する際に、原材料としては使用していないにもかかわらず、アレルゲンなどが意図せず最終加工食品に混入してしまうことをいう。

4.1　アレルゲン誤表示の原因と対策

　消費者庁[2]によると、食物アレルギーとは、「食物を摂取した際、身体が食物に含まれるたんぱく質等(以下「アレルギー物質」という。)を異物として認識し、自分の体を過剰に防御することで不利益な症状を起こすこと」と定義されている。症状として「かゆみ・じんましん」といった軽症のものから、「意識がなくなる」、「血圧が低下してショック状態になる」、「最悪、死に至る」などの重篤な症状まで人によりさまざまである。

　食物アレルギーは、人によってその原因となるアレルギー物質(以下、アレルゲン)が異なること、アレルゲン自体(例えば、卵、小麦、乳)は食品そのものであることから、法令ではアレルゲンの存在・混入を禁止していない。その代わりアレルゲン表示をすることで食物アレルギーをもつ人が適切な食品を取捨選択できるようにしている。

　具体的には、表4.2のように特定原材料(表示の義務があるもの)、特定原材料に準じるもの(表示の義務はないが推奨されるもの)が定められている。特定原材料に関してのみ表示義務があるが、最近は、特定原材

表 4.2　特定原材料の種類と根拠法令

表示の義務	特定原材料等の名称	根拠法令
表示義務	えび、かに、小麦、そば、卵、乳、落花生(ピーナッツ)、くるみ	食品表示基準(特定原材料)
表示を推奨	アーモンド、あわび、いか、いくら、オレンジ、カシューナッツ、キウイフルーツ、牛肉、ごま、さけ、さば、大豆、鶏肉、バナナ、豚肉、まつたけ、もも、やまいも、りんご、ゼラチン	消費者庁次長通知(特定原材料に準ずるもの)

料に準ずるものも表示する場合が多い。

　食物アレルギーは、食中毒や異物混入と比較して、直感的に誤表示問題の重大性を認識できない場合がある。そのため従業員には、食物アレルギーの重要性の教育が必要である。食物アレルギーが直感的に重要性を理解してもらいにくい理由は以下の３点である。これらの理由に留意して、従業員教育をしっかりと実施する必要がある。

　　①　身近に食物アレルギーで困っている人がいない場合もあること
　　　　食品製造に携わるものの心構えの一つとして「自分の大事な人に食べてもらうとの心づもりで製造に当たれ」といわれることがある。人間は身近なことへの脅威は過大にとらえるが、身近でないことは過小にとらえがちである。身近に食物アレルギーで困っている人がいれば、アレルゲン表示の重大性に敏感だが、身近に食物アレルギーに困っている人がいないと、その重大性に気づきにくい。

　　②　アレルゲンは食品そのものであること
　　　　病原性微生物や異物は、それ自身が食用できないものであり、直感的に混入させてはいけないことが理解できる。しかし、アレルゲンは、牛乳や卵、エビなど、一般の人にとってはまったく問題がない、場合によっては好物の場合さえあり、それが食物アレルギーをもつ人には、毒と同様のものであることには気づきにくい。

　　③　使用する原材料が意外なアレルゲンをもつ場合があること
　　　　原材料によっては、アレルゲンが含まれないと直感的に判断してしまうものがある。例えば、牛肉には牛以外のアレルゲンが含まれないと考えがちである。しかし、成形肉の場合、使用する乳化剤（カゼイン）によっては、乳アレルギーを含む場合もある。この場合、見落としてしまう可能性もある。以下では３つの段階に分けて誤表示の事例とその対策について述べる。

（1） 商品設計の段階

　以下に商品設計段階（アレルゲンを含む表示情報を作成する段階）の問題でアレルゲンの誤表示・表示欠落が生じた事例を示す。商品設計段階での発生は、食品工場で製造に当たるみなさんには直接関係ない事例と思われがちである。

　しかし、商品設計段階で問題のあったアレルゲン表示に、ラベルの印刷段階、製造現場での貼付け時などで、おかしいことに気づき、事なきを得ることもある。実際、**事例38**の場合も、表示の問題を見つけたのは、たまたま自社製品を購入した社員であった。

　常識的におかしい状況（例えば、卵を使用していることが外観上明らかなのに、卵がアレルゲンとして記載されていない）に遭遇した場合は、ぜひ上司・先輩に相談してほしい。

◆**事例38　任意表示欄にアレルゲン表示が欠落して製品回収**

　外食チェーンの持ち帰り用冷凍チャーハンにおいて、原材料として「全卵」、「卵黄油」を使用していた。また、裏面表示欄には、「一部に、小麦・卵・大豆・豚肉を含む」旨が正しく記載されていた。しかし、この会社では、お客様へアレルゲン情報をわかりやすく伝えるため「アレルゲン物質任意表示欄」を作成していたが、そこで卵の表示が欠落し、自主回収することになった[3]。

【想定原因】

　チャーハンの裏面表示は、法令に則して正確に作成されていた。一般的に、裏面表示（アレルゲン表示）は原材料・添加物の規格書に記されているアレルゲン情報をもとに作成され、ダブルチェックなどのチェック体制が確立されている。そのため、問題なく正確なアレルゲン表示が作

成されたと推測される。

　逆に「アレルゲン物質任意表示欄」は、裏面表示のアレルゲン情報から転記・作成するため、表示チェック体制が確立されておらず、「卵アレルゲン」が欠落したものと思われる。

【対策例】

① 　アレルゲンを含む裏面表示作成者は、任意表示の場合でもアレルゲンの欠落は食品回収につながるという認識をもって、「アレルゲン物質任意表示欄」の作成に当たる必要がある。また、ダブルチェックの実施やチェックリストの作成など、誤表示を最終製品製造までに発見できる仕組みづくりが重要である。

② 　アレルゲン表示は、数年に1回の頻度でアレルゲンの追加、表示方法の変更などの改訂がなされている。直近では2023年3月以降くるみの表示義務が発生した(経過措置期間2025年3月末まで)[4]。これらの情報を入手、理解し、間違いのないアレルゲン表示につなげることが重要である。

③ 　本事例は、消費者ではなく、当該商品を購入した社員が調理時に発見した。商品の企画段階から消費者の手に届くまで、同様の調理機会や検討機会は多数あるはずである。直接裏面表示を担当しない場合も、表示内容に疑問があれば担当者に確認する姿勢も必要である。

【アレルゲン表示の重要性】

　アレルゲン表示作成担当者が認識すべきアレルゲン表示の重要性を以下に述べる。

① 　食品リコール(自主回収)で最も重大な危害に分類されている
　　食物アレルギーは重大な危害であり、厚生労働省の自主回収報

告制度においてもCLASS I（喫食により重篤な健康被害または死亡の原因となりうる可能性が高い食品）に分類されている。これは、食物アレルギーをもつ人にとって、重篤な健康被害、場合によっては死亡に直結するためである。

② 誤表示・表示欠落が発生した場合の影響範囲が大きい

異物の場合、具体的な被害が顕在化するのは、異物の入った製品のみである。それに対し、商品設計段階でのアレルギーの誤表示・表示欠落の場合、全製品が製品回収対象となるとともに、該当する食物アレルギーをもつ人にとって、広範な影響を与える。

③ ごく微量でも表示する義務がある

アレルゲン表示では、数ppm以上で表示の義務が生じる。これはわずか0.01gのアレルゲンをもつ原材料（例えば脱脂粉乳）が1kgの製品に混入したとき（10ppm相当）でも問題になるということを示している。また、アレルゲンは添加物などと異なり、キャリーオーバー*扱いされない点にも留意が必要である。

（2）　原材料の調達段階

同種の原材料でも含有するアレルゲンが異なる場合には、アレルゲンを含むものとアレルゲンを含まないものが存在することがある。アレルゲンを含まない原材料の代わりにアレルゲンを含む原材料を使用した場合、結果的にアレルゲン表示欠落になるため、原材料管理に注意する。同じ包装形態・重量でアレルゲンの有無のみが異なる原材料、正袋（原材料納入時の包装形態のこと）でなく計量容器へ小分けした原材料の場合は、特に注意が必要である。以下に誤使用の事例とその対策について述べる。

＊キャリーオーバーとは、原材料中に含まれているものの使用した食品には微量で効果が出ないため、表示を免除される添加物のことである。

◆**事例39　卵入りのドレッシングを誤使用したコールスローサラダ**

　中学校給食として市内4校に提供している給食センターでは、コールスローサラダに使用するドレッシングとして卵を含まないタイプを使用していた。ところが担当者が誤発注し、卵をアレルギーとして含むドレッシングを使用してしまった。幸い卵アレルギーの生徒14名の体調不良の報告はなかった[5]。

【想定原因】

　発注時・納品時・使用時の三段階において含有するアレルギーを確認する機会があったはずだが、残念ながらいずれの段階もすり抜けてしまった。昨今はアレルギー対策として「卵不使用」といった食材も存在するが、アレルゲンを含むタイプと同様の荷姿・類似の印刷で、判別が難しいものもある。本事例ではメーカー名・種類の確認だけで、アレルゲンとしてどのようなものが含まれるかまでは確認されなかったために発生したと推測される。

【対策例】

　① 　発注時に、必要とする仕様(アレルゲンの有無も含む)に合致したものをきちんと発注することが第一である。本事例は発注側の問題であったが、出荷側が誤出荷する可能性もあるので、納品時も同様の確認を行う必要がある。

　② 　アレルゲンを含む原材料、含まない原材料が同一事業所内に存在する可能性を考慮し、使用時にも確認が必要である。

　③ 　原材料を使用する場合、荷姿・デザイン・裏面表示、特にアレルゲン情報をしっかりと確認して使用することが重要である。

（3） 包装工程以外の製造段階

食中毒菌などの場合、汚れたものときれいなものが接触して、きれいなものが汚染されること（例えば、汚れた手で直接食品を扱い、食品を汚染すること）を「交差汚染」と呼ぶが、アレルゲンを含むものと含まないものが接触した場合は「交差接触」と呼ぶ。

アレルゲンは食品そのものであり、汚染された物質ではないため「汚染」という言葉を使用せず「接触」という言葉を用いる。

食品の製造工程においてはアレルゲンの交差接触が生じないように製造する必要がある。製造工程中、複数のアイテム（品目、商品）をミキサー（混合機）など、同一機器を使用して製造する場合は、複数のアイテム間で交差接触がないことをアレルゲンキットなどで検証しておく必要がある。アイテム切替え時に製造終了時と比べて簡易な洗浄で済ませる場合（例えば、洗浄剤を使用せず、温水洗浄のみ実施）は、①交差接触がないことを確認する、②アレルゲンの少ないものから多いものの順で製造する、のいずれかの対応を行う必要がある。

◆事例40　乳アレルゲンが検出されたダークチョコレート
　米国の公的機関が、乳製品不使用のダークチョコレートに対し乳アレルゲン検査を行った。検査した94点のダークチョコレートのうち、成分として牛乳が表示されていたのはわずか6点にすぎず、残りの88点は表示がないにもかかわらず、51点に乳アレルゲンが検出された[6]。なお、同様の事件は、日本でも複数発生している。

事例39
事例40

【想定原因】

チョコレート製造においてミルクチョコレートとダークチョコレートは一部設備を共有している。また、チョコレートは水と接触すると品質

劣化する性質をもつため、設備の水洗いを実施することは困難である。このように洗浄性の悪い製造設備を共有することは交差接触の潜在的な要因となる。

　乳アレルゲンを含む製品を製造後、乳アレルゲンを含まない製品をつくる場合、洗浄マニュアルの妥当性は検証しているはずである。しかし、製造トラブルによる余裕のない洗浄作業、洗浄担当者によるばらつきなどの問題で洗浄不足になる場合もありうる。

　チョコレートは水を嫌うことから、一般的に乳製品として脱脂粉乳が使用される。脱脂粉乳は粉末で、取扱方法によっては工場内で飛散しやすく、乳アレルゲン不使用の製品の製造ラインに飛び散った可能性がある。

【対策例】

①　交差接触の危険がないよう、アイテム間の洗浄マニュアルを確立し、妥当性を確認することが重要である。

②　洗浄しにくい設備を複数アイテムで共用せざるを得ない業種として製パン業がある。製パン業では、パン製造に必須の「小麦、卵、乳」を除く「えび、かに、そば、落花生、くるみ」をアレルゲンとして含む原材料は使用しないと決めている場合もある。これもアレルゲンの交差接触の可能性をなくすために有効である。

③　アレルゲンはごくわずかの混入であっても、問題となる場合がある。脱脂粉乳のようにアレルゲンを含む粉体の取扱い時は、周囲への飛散がないように専用室で取り扱う。

4.2　期限表示の誤表示の原因と対策

誤表示・表示欠落により期限表示を誤った事例は、大別すると日々の

定常業務の中から発生するものと、非定常業務から発生するものに分けられる。本節では、期限表示の誤表示・表示欠落の事例を示す。

　図4.1に、誤表示・表示欠落が生じやすい状況を整理した。定常業務においては、①食品の賞味期間および製造日から賞味期限の日時設定を行う場合、②同一製造ラインでアイテム切替えを行い別アイテムを製造する場合に発生しやすい。また、非定常業務においては、③製造トラブルが発生し停止した製造ラインを再稼働させる場合、④新製品生産などで従来とは異なる作業が必要となる場合に発生しやすい。

　以下、この4分類に従い、事例と想定原因・対策例を示す。

（1）　日々の定常業務

　使用原材料・アレルゲンなどの裏面表示とは異なり、一般的に賞味期限・消費期限は製造日ごとに変更する必要がある。その際、誤表示・表示欠落が生じる可能性がある。また、多品種少量生産の場合、アイテムの変更ごとに1日に何回も製造ライン切替えを行う必要があり、誤表示・表示欠落の原因となりやすい。これらの毎日の業務の中で発生しう

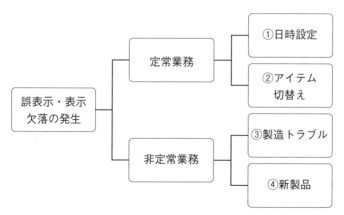

図 4.1　誤表示・表示欠落が発生しやすい状況

る事例を以下に示す。

◆事例41　日時入力時の入力順序逆転で賞味期限が2041年に

　2012年3月、スーパーなどの量販店で販売される袋入り乾燥スパゲティ商品で、賞味期限の印字ミスが判明した。インクジェットプリンタで追加印字された商品の賞味期限が「2041.08.19」と誤記載されていたため、自主回収することとなった。

【想定原因】

　商品に使用する印刷済み合成樹脂袋は、製造工場に賞味期限が空欄の状態で納入される。本事例の誤表示に使用されたプリンタは手作業で数字を入力する「活字式」であり、生産前に工程責任者がインクジェットプリンタの操作画面で賞味期限を入力し、設定することになっていた。入力の際、2→0→1→4と入力すべきところ、下2桁の入力順序を間違えて、4→1と入力してしまったことが原因と考えられる。

【対策例】

　①　賞味期限を商品に印字するプリンタには、大きく「活字式」と「デジタル式」の2様式がある。活字式プリンタとは、手作業で印字内容を変更するものをいう。台上で印字するタイプ以外に、ハンディタイプ、ローラー式でラインに組み込み可能なタイプがある。活字式プリンタの期限表示設定は人手による作業なので、誤表示を避けるために最も重要な作業は、誤った活字を配置しないこと、活字のセットを忘れないことである。活字の準備時点、セット作業の実施記録、セット後の最初の印字の確認など、印字に誤りがないことを確認後、製造を開始する。

②　デジタル式プリンタは、印字内容のセッティング作業が電子制御された装置に対する入力で行われるため、本事例のような誤表示は起こりにくい。ただし、活字式と同様に、入力内容の確認、入力作業の記録、最初の印字内容の確認など、印字に誤りがないことを確認する。特に入力時は二重入力や、入力したつもりで文字が抜けているなどのヒューマンエラーもあるので、入力内容の確認が重要である

③　いずれの装置を用いる場合も、誤入力・誤ったセッティングを避けるために、装置の使用方法をよく理解し、正しく装置を使うことが重要である。

【類似事例】

日時設定にかかわる誤表示には、類似事例として、①特定日に発生するパターン、②入力規則からの逸脱で発生するパターン、③入力時のタッチミス、④期限表示の入力そのものの抜けの4タイプに分類される。詳細は次のとおりである。

①　特定日に発生するパターン

•月末月初の製造で賞味期限月の数値の入力を誤るケース

賞味期間3カ月の食品の2022年4月1日製造分は、本来は7月1日と印字しなければならないところ、今まで6月と入力していたため2022年6月1日としてしまうケース、2022年4月30日製造分に、5月からは8月表示にすることに気をとられ、1月長い2022年8月30日として印字してしまうケースなどである。月初に前月の数字を入力すると賞味期限が1カ月短くなり、店頭で「期限切れ」となる。また、月末に次月を入力すると逆に期限が延びてしまい、最悪の場合健康被害につながることもある。

•年末年始の製造で年号を誤り、前年・翌年の期限を表示するケ

事例41

ース

2023年1月1日製造品の賞味期限を2022年4月1日とする、2022年12月31日製造品の賞味期限を2024年3月31日とするようなタイプである。年単位での差異が発生するため、長期にわたって賞味期限が移動し、出荷前に賞味期限切れとなる場合や、本来の賞味期限より長い賞味期限となり、重篤な健康被害につながる可能性が高い。

② 入力規則からの逸脱で発生するパターン

- 大の月から小の月への切り替えで、プリンタの印字設定時に存在しない「4月31日」などを表示させてしまうケース
- うるう年の翌年に、通常年への切り替え対応を失念し、存在しない「2月29日」を表示させるケース

③ 入力時のタッチミス

プリンタの操作アプリケーションへの日付情報入力時に発生するエラーで、キーボードやタッチパネルへの入力時、順序が想定どおりに行われていない。入力したはずの数字が抜けていたり、順番が逆転したりする。

④ 期限表示の入力そのものの抜け

製造前の設定手順からの逸脱であり、新規の担当者が手順どおりに作業しなかった場合や、突発的なトラブル対応などで作業が中断した場合に発生することがありうる。

◧事例42　異なる商品の表示ラベルを貼付したことによる誤表示

スーパーの食品売り場厨房にて製造された「豚肉ロース味付けステーキ用（にんにく黒胡椒味）」に、「国産豚肉ロースとんかつ・ソテー用」のラベルが誤って貼付された。異なる商品の表示シールを

貼付したことにより、期限が1日長く表示されていたため、自主回収となった。併せて特定原材料である「小麦」の表示欠落、特定原材料に準ずるものである「大豆」、「豚肉」の表示欠落が発生していることも判明した。対象商品は14時30分から23時の間に販売された14パックである。

【想定原因】

　事例の直接の発生原因は、商品の表示シールが、同一製造場で製造する異なるアイテムの表示シールと取り違えられたことである。スーパーでの販売時間が長時間に及ぶことから、商品切替えそのものが徹底されず、ラベルの切替え自体がなかった可能性がある。また、厨房作業者の勤務シフト入替え時間と重なったことにより、申し送りから漏れた結果として、ラベル発行の切替えが行われなかった可能性も考えられる。

【対策例】

　取扱い商品の切替えや、表示内容の変更があった場合、誤表示の発生防止には、変化点管理(3H管理*、5M＋1E**など)が重要である。ここでの変化点は商品が切り替わる点のことである。販売条件、販売温度帯の変更による賞味期限の変更を徹底して共有する必要がある。系外排出品の再投入や、追加生産を行う場合は、製造品とラベルが違わないか、ラベルの貼り忘れがないかを確認する。

　変化点で何が変わって、どう対処するのかを、製造に携わる者全員が

　＊3H管理とは、はじめて、変更、久しぶりの3つのHを切り口に変化点を管理する手法である。
　＊＊5M＋1Eとは、人(man)、設備(machine)、材料(material)、方法(method)、測定(measurement)の頭文字Mの5つと環境(environment)の頭文字Eを表し、これらを切り口に変化点を管理する手法である。

事例42

しっかり把握しておくことが重要である。

【類似事例】

上記の事例以外にも品種切替えに関連した期限表示の誤りの原因としては以下のような事例がある。

① 包装形態や販売温度帯の違いに起因する誤表示

　　同じ商品であっても、販売温度帯を変える、包装形態を変えるなどの流通加工により、表示内容が異なる場合がある。表示内容を変更する必要があるにもかかわらず、元の表示内容を誤って表示する。

② 系外排出品や追加生産品を商品化する際の誤表示

　　いったん製造フローから外れた商品や計画外の商品を生産した際に発生する。時間的に本来の製造時間から外れたところで製造するため、間違った商品表示を貼付するケースや、表示ラベルを貼らずに出荷するケースが発生する。

（2）　非定常業務

ここでは、製造トラブルや新製品の導入など、定常業務以外の誤表示・表示欠落の事例について述べる。

◆事例43　インクリボンの交換トラブルで消費期限の一部が欠落

　　正：2022.10.25　→　誤：2022.10.2

　あるスーパーマーケットの期限チェック中に、賞味期限が切れているちくわが発見された。調べたところ、当日入荷されたものであった。表面上、販売時にはすでに期限切れの表示となっているため、自主回収を行った。正しい期限表示のものと、誤表示のものが入り

混じっており、発生当初に誤表示のものがどれだけ発生していたかは不明である。また、外箱の期限表示は問題なかったため、物流の各段階、ならびに各店舗での納品時には発見できなかった。

【想定原因】

期限印字の熱転写のインクリボンのヨレが製造途中で発生して、その時点から賞味期限の"日"の下1桁(2022.10.25)の欠落が発生した。調査の結果、当日製造分の約半数を製造した時点でインクリボンを交換していたことが判明した。使用後のインクリボンを調べてみると、交換の際にヨレが発生しており、その後の製造にて折れ曲がった部分が転写できていなかったようである。該当品の製造工場では、製造開始時のチェックは行っていたが、インクリボン交換時のチェック、また製造終了時のチェックを行っていなかったため、発見できず事故に至った。

【対策例】

インクリボンを使用する熱転写式やスタンプ式など、印字される日付が何かの拍子に変わってしまうような不安定な日付印字を行う場合には、①製造開始時、②製造終了時の2回は必ずチェックを行うとともに、③インクリボン交換や休憩などの製造が中断された時点、についてもチェックが必要である。また、1度に製造する数量が多い場合には、500個ごと、1,000個ごとなどで区切って都度チェックを行っていくことにより発見しやすくなり、また印字ミスを発見した際にも、チェック・手直しの範囲を限定できる。一定数ごとにチェックを行っていないと、例えば、製造開始から10,000個製造後に不具合を発見したとすると、再チェックの範囲は1～10,000個目(10,000個)であるが、1,000個ごとにチェックを行っているのであれば、9,000個目までは問題なく、9,001～

事例43

10,000個目(1,000個)がチェック範囲となる。

　なお、チェックは2名1組で行うと良い。一方が現物の読み上げを行い、もう一方がその読み上げを聞き、正しい期限と比較して問題ないか確認する。目で見て、声に出し、耳で聞く、五感を使ってチェックすることが重要である。

◆事例44　包材の結露が期限印字の消失・欠落の原因に

　ある店舗の期限チェックの際に、練り物5点セットの期限印字の欠落を発見した。その際に指で触れた箇所の印字が消えていくことが発覚した。同ロット品にて複数発生しているようである。見た目上は期限表示に問題はないが、物流中の商品同士の擦れや、消費者の買い回り中、店員が期限印字チェック中に触れた際に印字が消えるため、自主回収を行った。消えやすさの強弱はあるが、同商品の同賞味期限のもの全体で発生しているようだ。

【想定原因】

　自主回収となった商品は新製品であり、5つの製品を大きな袋に入れた詰め合わせを行い、賞味期限の表示は大袋にインクジェットプリンタで行っていた。しかし、製造工程上、他の自社製品と異なり、大袋に包装した際に、仮保管が発生していたことが発覚した。そのため、印字工程において、印字面に結露が発生し、印字面が濡れていたために包装資材にしっかりと印刷できなかった。インクジェットのインクが浮いたまま定着せずに付着しており、見かけ上は問題なかったため、箱詰め時の目視チェックで発見できずにそのまま流通されてしまった。

【対策例】

事前の企画準備段階における製造工程を考慮したテストが重要である。また、濡れることの想定や、温度の変化(冷凍で流通し常温で販売する、いわゆる「冷チル商品」など)などもしっかり考慮して次の 2 つのテストを行う。

① 包装資材とインクとの相性のテスト。包装資材とインク(特にスタンプ式や、その他の一部のインクリボン、インクジェットプリンタなど)にも相性があるため、包装資材の材質変更や印刷面の仕上げ変更を伴うデザイン変更を行う場合にも、インクと包装資材の相性に留意し、必ず印刷テストを行う。

② 上記①で印刷されたものが温度変化や水濡れなど取り扱い環境に適応できるかのテスト。同時に、「水濡れ注意」や「温度変化による結露注意」など、工程上の留意点なども確認し、ルール化する。

特に既存商品と製造工程が異なる新商品を開発、製造するときには、上記テストを行った上で、さらに初回製造時には、実際に印刷面をこすってみるなど念入りに問題がないかを確認する。

●第 4 章の参考文献
［1］ 松本隆志：「2015年から2021年の食品リコールの解析─食品表示関連のリコール防止に関する考察」、『新PL研究』、7、pp.25-37、2022年
［2］ 消費者庁：「加工食品の食物アレルギー表示ハンドブック」、p.2、2021年
https://www.caa.go.jp/policies/policy/food_labeling/food_sanitation/allergy/assets/food_labeling_cms204_210514_01.pdf (2023年 3 月16日確認)
［3］ リンガーハット：「アレルギー原材料の誤表記(任意表示欄内)と商品回収に関するお詫びとお知らせ」
https://www.ringerhut.jp/news/2017/0906_1/ (2023年 3 月16日確認)
［4］ 消費者庁：令和 5 年 3 月 9 日事務連絡「くるみの特定原材料への追加及びその他の木の実類の取り扱いについて」

事例44

https://www.caa.go.jp/policies/policy/food_labeling/food_sanitation/allergy/
assets/food_labeling_cms204_230309_03.pdf（2023年3月16日確認）

［5］　佐賀新聞ニュース：「サラダにアレルギー物質、鳥栖市4中学の給食で誤提
供」
https://www.saga-s.co.jp/articles/gallery/918795?ph=1（2023年3月16日確認）

［6］　内閣府食品安全委員会：「食品安全関係情報詳細　米国食品医薬品庁（FDA）、
ダークチョコレートと牛乳アレルギーに関する調査結果を発表」
https://www.fsc.go.jp/fsciis/foodSafetyMaterial/show/syu04270840105（2023
年3月16日確認）

第5章
食品安全の初心者教育

本章では、長年、食品衛生7Sに取組み、充実した従業員教育で知られる、明宝特産物加工株式会社および株式会社味の大和路(FRUXグループ)における新入社員教育の事例を紹介する。2社の事例を参考にして従業員教育の充実を図ってほしい。

5.1　明宝特産物加工のゼロから創り上げた新入社員教育

1988年起業の当社は設立当初より衛生管理に注力していたが、新入社員に対して「食品安全教育」を実施するようになったのは、2012年ぐらいからである。筆者が入社した2003年頃は、まだ新入社員に対する本格的な従業員教育のプログラムもなければ、衛生管理について教えてくれる上司や先輩もいなかった。せいぜい工場内に入るときには、長靴に履き替えるように指示される程度だった。

2005年にNPO法人食品安全ネットワークが提唱する食品衛生7S(当時は食品衛生新5S)を導入したことが切っ掛けとなり衛生管理の教育を徐々に展開するようになった。今では、新入社員が入るたびに食品工場で従事する者の基本として食品安全に対する衛生管理の教育を行ってい

る。新入社員に衛生管理の教育をしなければならない理由は、ほとんどの新入社員は、食品安全について何も知らない状態だからである。食品安全について何も知らない者が工場内に出入りすることは、食品の交差汚染や異物混入のリスクが高まることにつながる。

　しかし、当社のような中小企業では、大企業のように数カ月かけた新入社員研修のようなカリキュラムはできない。初出社の当日から工場現場内に入場し、製造作業に当たるのが実情であった。そこでまず、何から教えていけばよいのかを考え、以下のようなことから取り組み始めたので、その内容を紹介する。

（1）　自社製品を説明できるようにする

　新入社員に最初に教えることの一つは、自社製品に関してである。新入社員に自社製品にはどのようなものがあるかを説明するようになったのは、2020年頃のことである。それは以下のエピソードが切っ掛けである。

　ある社員が知人から自社製品についての説明を求められたときに、うまく説明できなかった。相手にとってみれば、自分が勤める会社の商品のことは当然知っていると考えたのだろう。しかし、その社員は自社製品についての正しい知識を持ち合わせていなかったので、賞味期限、保存方法、使用しているアレルゲンなど食品安全に関する重要なことについて、説明できないことがいくつかあり困ったそうだ。

　配属部署によっては、自分が今行っている作業によってどのような製品ができるのかを知らないまま、ただ業務をこなしているだけの社員も少なくなかった。自社製品を知らないままではいけないと考え、新入社員には自社製品の種類や特徴を覚えてもらい、お客様や友人、家族に自社製品について正しく説明できるようにしている。

（2）　入社初日の教育内容

　新入社員は初出社した当日から、配属先の上司に説明を受け、配属される作業場に赴く。以前は、上司が新入社員に対し、作業場への入室手順を指導していたが、その他の決まりごとや休憩時間、昼食をとる場所などの細かなことは、何も教えられなかった。そのため、新入社員が社内での行動規範を知らず、誤った行動や施設の利用をしてしまう可能性があった。

　このような経験をもとに、上司が新入社員を引率して作業場だけでなく、工場施設内をすべて案内するように変更した。一通り工場施設を回った上で、改めて座学研修の中で昼食をとる場所、休憩時間を含め出社から退社までの1日のスケジュールや行動を教え、1日でも早く社内の環境に慣れてもらうようにした。

（3）　従業員の衛生管理規定にもとづく教育訓練

　当社では「従業員の衛生管理規定」を新入社員の教育訓練に活用している。その内容を以下に示す。

（a）　健康管理について

　当社では、従業員衛生管理チェック表(図5.1)を用いて、従業員の健康状態を記録している。出社前に体調が悪く、明らかに出社しないほうが良いと判断する場合は、あらかじめ直属の上司に連絡を入れ、休みを取るが、多少の体調不良では出社してくる社員がほとんどである。出社する際に、必ずしも体調が万全である日ばかりではないことを把握するためにも体調チェックを行うことが重要である。

　体調不良が他の従業員へ影響を与える、例えば他者へ感染させてしまう恐れのある病気に罹患している可能性がある場合は、速やかに対処しなければならない。体調不良というと発熱に注意が向きがちだが、食品

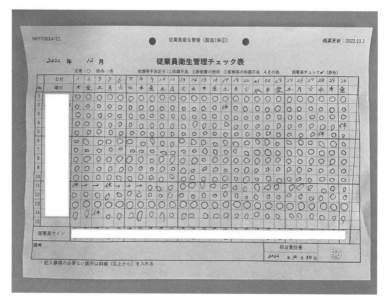

図5.1 従業員衛生管理チェック表

安全を考えた場合、腹痛やおう吐、下痢などの症状の体調不良のほうがむしろ注意すべきものとなる。それは腹痛やおう吐、下痢などの症状は従業員が食中毒になっている可能性があるからである。食中毒の原因菌を保持した者が食品に触れることは食品安全にとって大変危険な行為である。したがって、本人はもとより、一緒に生活を営む家族などにこれらの症状がある場合、従業員本人に自覚症状がなくても食中毒の可能性があることを教える。**図5.1**のチェック表には、家族などの体調不良申告欄を設けている。

　また、新型コロナウイルス感染症対策として、工場玄関にて体温チェックを課して発熱者への対処を実施している。感染症疾患の疑いがある者との接触による従業員への感染を防ぐために、訪問者の方にもご理解いただき、従業員と同じ体温チェックを実施している。

（b）　衛生管理区域内でのルールの徹底

①　マスクと専用作業着の着用

　衛生管理区域内に入場するためには、専用の作業着に着替える必要がある。筆者が入社した2003年頃の作業着は、現在のようなフルフードの帽子ではなく、ただかぶるだけの帽子だった。インナーキャップはもちろんマスクも着用していなかった。白衣は半袖の開襟タイプで、ズボンは私服のままで、衛生管理はまずマスクを着用するところから始まった。マスクすらも眼鏡をかけている者からは「メガネが曇るから嫌だ」と言ってなかなか着用してもらえないのが実情だった。

　日々の教育の中で、飛沫感染や空気感染などの感染症予防対策になることなど、マスクの重要性を説明し着用を促した。当初はマスク着用をルール化するだけでもかなりの時間がかかり、マスク着用の導入から作業着の改善にはさらに時間がかかった。作業着を変更する前の記録は社内に残っていないが、その頃は毛髪混入にかかわる消費者のお申し出が年に十数件ぐらいあったようだ。フルフードの帽子とインナーキャップ、長袖の白衣とズボンを着用するという変遷を経て現在のレンタル白衣に至り、作業着を統一して身だしなみを徹底した。これによって作業着変更前に多くあった毛髪などの混入が格段に減少した。

　新入社員に対しては、現在の作業着に至るまでの経緯を話して、衛生管理の重要性と正しい着用方法を教えている。また、それが一目でわかるように作業着着用基準（**図5.2**）を作成し、更衣室に掲示することで、着衣の乱れがないように意識づけている。

②　入室の準備

　衛生管理区域に入室する前には、サニテーション室と呼ばれる場所でローラー掛けと手洗いを実施する。ここを通過しなければ衛生管理区域には入場できない構造になっていて、従業員はここで各作業場に入る準

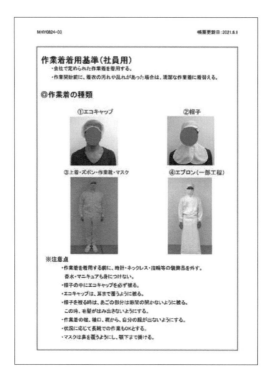

図5.2 作業着着用基準

備を整える。更衣室で作業着に着替えた後、作業靴を持ってサニテーション室に移動する。サニテーション室のドア前には粘着マットが敷かれており、作業靴を履く前に足裏のほこりや毛髪を取り除く。

　サニテーション室に入室し作業靴を履いた後、**図5.3**に示すローラー掛けマニュアルに従い、粘着ローラーで作業着のほこりや毛髪などを取り除く。粘着ローラーが届きにくい背中などの背面は、二人一組になりお互い手の届きにくいところをローラー掛けする。

　ローラー掛けを終えると、手洗いを行う。手洗い場にはタイマーを設け、30秒間手指をしっかり入念に洗う。新入社員研修では、**図5.4**に示す入室準備手順(ローラー掛けから手洗いに至る手順)を使って説明して

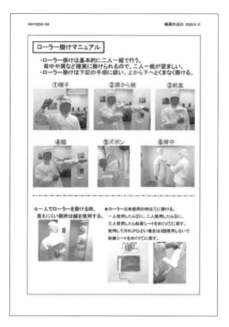

図 5.3　ローラー掛けマニュアル

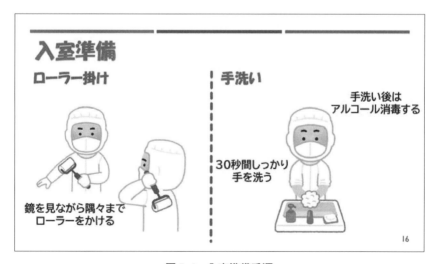

図 5.4　入室準備手順

いる。

　手指を清潔にすることは食品を取り扱う者にとって大変重要なことである。さまざまなものを触る手には、肉眼では見えないが、多くの微生物が存在している。そのような手で食品を取り扱わないように、手洗いの重要性を教えている。

　また、手洗いが正しく実施され作業前の手がきれいな状態になっているかを抜き打ちでチェックすることがある。手洗いを手順どおりに所定の時間で実施していても、人によってはきれいになっていない場合があるためである。

　チェック方法は手の汚れを数値化できるATPふき取り検査である。この検査は、専用の測定器と試薬を用い、簡単で、かつその場で結果が出る。もしも、手指に汚れが残っていた場合、不合格となった数値をその場で本人に見せると手洗い方法の見直しと改善指導がしやすい。

（c）　ゾーニングにもとづく移動ルール

　ゾーニングとは、工場施設内を作業室あるいは区画ごとに清浄度のランクを設け、識別することである。当社では一目見てわかるように、**図5.5**のような色分け（清潔エリアは緑色、準清潔エリアは黄色、準汚染エリアは黄色、汚染エリアは白色）をした工場内ゾーニング図面を作成している。

　ゾーニングで重要なことは、清浄度の低いエリアから清浄度の高いエリアに移動する際、定められたルールがあることを教え、なぜそのようなルールがあるのかを理解させることである。

　具体的には作業場への入室準備と同様に、作業着に粘着ローラーを掛けゴミやほこりを取り除き、手洗いをすることを教える。清浄度の低いエリアである原材料冷蔵庫から段ボール箱入りの原材料を持ち出し、開梱室で原材料を取り出す作業をする場合、どのような問題があるかを考

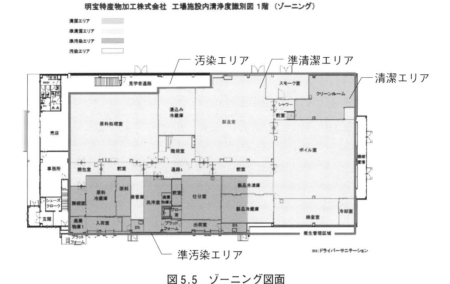

図5.5 ゾーニング図面

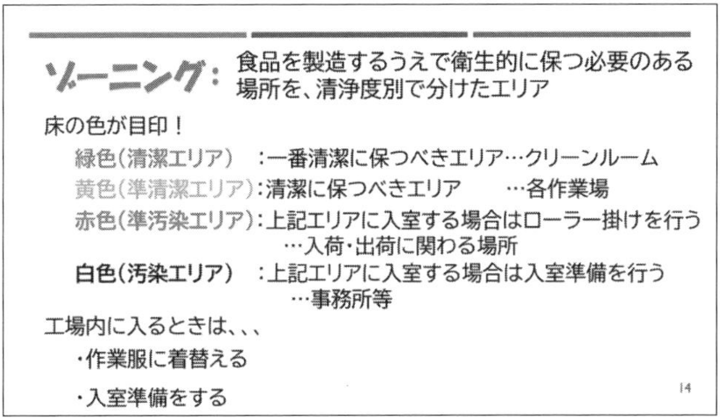

図5.6 ゾーニングの目的

えさせている。段ボール箱は、工場外部から輸送用に使用されたもので
あり衛生的ではない可能性があるものだと教え、開梱時に段ボール箱を
触ることで手指が汚れること、紙片などが作業着に付着する恐れがある
ことに気づかせる。新入社員研修では、**図5.6**を用いてゾーニングの目

的を理解させ、ルールを遵守させている。

（d）　絆創膏、ニトリル手袋の使用基準と管理方法

　手指に切り傷などがある場合には絆創膏を使用するだけでなくニトリル手袋を着用するルールを設けている。もちろん作業に支障を来す痛みや動きに制限がある場合は、現場長の指示で通常の業務には従事させず作業可能な範囲の業務を与えている。

　従業員から「なぜ、切り傷などには絆創膏をしてニトリル手袋を使用しなければいけないのか、絆創膏をするだけではダメなのか」と質問されることがある。そのときは手指の傷口には黄色ブドウ球菌が多く存在し、食品汚染の大きな原因となるからだと教育している。黄色ブドウ球菌が産生する毒素が食中毒の原因となり、出来上がった製品による健康被害が発生する可能性があることを教え、手指の切り傷などは必ず絆創膏で覆いニトリル手袋を着用させている。新入社員研修では、**図5.7**のスライドを用いて絆創膏・手袋使用の重要性を理解させ、ルールを遵守させている。

　絆創膏とニトリル手袋を使用することについてはもう一つ重要なルールがある。それはそれぞれの使用記録をつけることである。絆創膏とニトリル手袋は異物ともなりうる。異物混入防止のためにも、使用した絆創膏とニトリル手袋の使用記録をつけなければいけないことを教育する。

　食品への異物混入防止は、食品安全の基本である。包丁を使用する部署では、手袋を使用して作業を行う場合、誤って手袋を切って破損してしまう可能性がある。手袋の破片が食品に混入してしまうことを防止するため、手袋を使用して作業するときは、作業の区切りの都度、隣にいる作業者に手袋の破損がないかを確認してもらう。絆創膏および手袋を破棄するときは現場長が確認後、ゴミ箱に処分する。そして、確実に処分したことを**図5.8**のように記録をつけて管理することを徹底している。

絆創膏・手袋の使用

①隣の人にケガしたことを伝えて解体前室へ行く。

②前室にある記録用紙に使用枚数を記入する。

③前室で絆創膏を貼り、解体室で手袋を着用する。

④自分のテーブルに戻ったら、今までの精肉、ハム脂、ミンチ材、切り出し、切り出しB、くず脂を別の場所によける。

⑤解体作業を再開し、一玉分の精肉、ハム脂、ミンチ材、切り出し、切り出しB、くず脂をテーブルに置いておく。

⑥部位ごとに手袋が切れていないか自分で確認する。

⑦一玉解体が終了した時点で、隣の人に手袋が切れていないか確認してもらう。

⑧欠損が無ければ、⑤の肉を④と同じ場所によける。

> 会社指定の絆創膏・手袋を使いましょう！

18

絆創膏・手袋の使用（つづき）

※作業終了後 や 作業中に手袋が切れて交換する時

　・上長に確認してもらってから手袋を廃棄する。

※手袋が欠損してしまったら…？

　→作業を中断して欠損部分を見つける。合致したら作業再開。

※絆創膏を使用したまま退社する場合

　→上長にその旨を伝える。

絆創膏を貼る理由

手の傷や手荒れの部分には黄色ブドウ球菌という菌が多く存在する。
この菌は食中毒の原因になるので、食品につけないよう傷口には絆創膏を貼りましょう！

19

図 5.7　教育に使っている絆創膏・手袋の使用方法のスライド

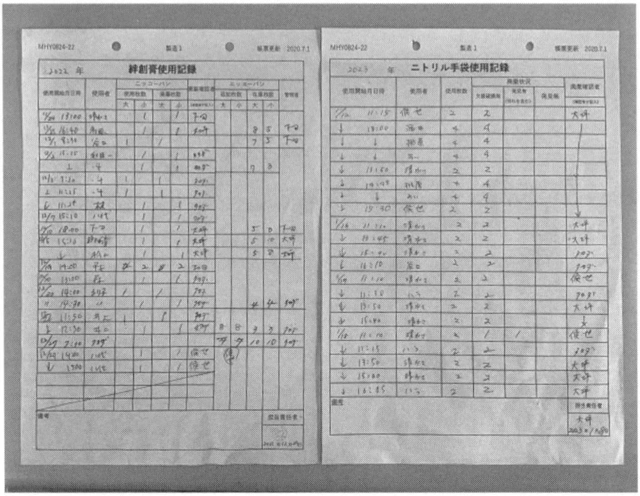

図5.8　絆創膏使用記録（左）とニトリル手袋使用記録（右）

（4）　食品衛生7Sの活動について

　新入社員研修では「食品衛生7Sとは」の講義を行う（食品衛生7Sについては6.4節を参照）。この講義では「整理、整頓、清掃、洗浄、殺菌、躾、清潔」の7つの言葉の定義と、食品安全を守るために「微生物レベルの清潔」を目的とする活動を行うことを説明する。食品衛生7S活動については過去の取組み事例を挙げて教えている。例えば、①洗浄するときの拭き上げ用のフキンを繰り返し使用するものから使い捨てのものに変更したところ製造機械の菌数が激減したのは、食品衛生7Sチームの改善の成果であること、②新工場になってから4年が経過するが製造室がきれいな状態を保っているのは、清掃の仕組みがうまくいっている証拠であること、などである。

（5）　食品安全方針の周知徹底

　当社では、FSSC 22000 Ver.5.1という食品安全マネジメントシステ

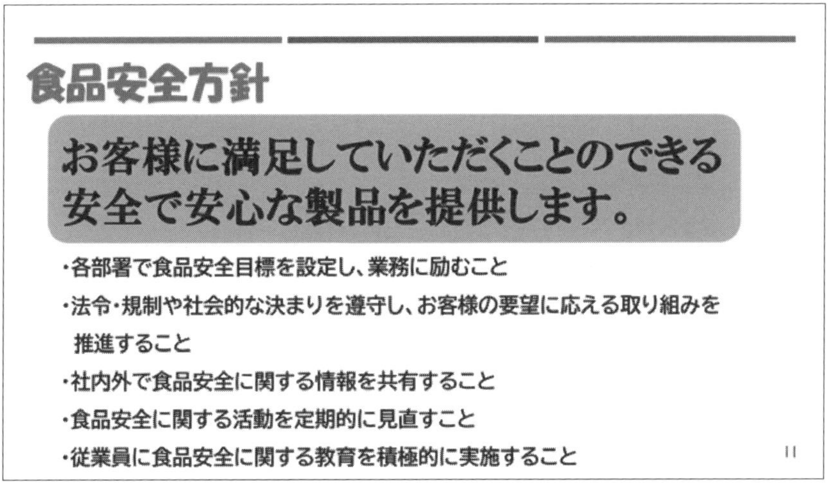

図5.9　明宝特産物産加工の食品安全方針

ムを導入し取り組んでいる。このシステムの中で、トップマネジメント
が会社の食品安全に関する宣言を行った食品安全方針（**図5.9**）があり、
その方針に従い食品安全を心掛け衛生的な業務に邁進している。

　この食品安全方針は、教育訓練で内容を説明し、社員食堂などの人目
につくところに掲示している。従業員に日々の業務の一つひとつが食品
安全に対する意味をもっていることを教え、お客様に安心してお買い求
めいただけるような製品をつくることが根底にあることを伝えている。
また、当社が普通の食品メーカーではなく、地域のために創業したこと
を従業員に理解してもらい、食品衛生7S活動の目的をはっきり教える
ことによって食品安全に対する意識が芽生えると考えている。

（6）　トップマネジメントによる勉強会

　年に1回、全従業員に向けてトップマネジメントによる勉強会が行わ
れる（**図5.10**）。会社の成り立ちに始まり、現在の当社の経営状況や今後
の目標・社員としての心得から食品安全への取組みまでの座学研修であ

図5.10　トップマネジメントによる勉強会の風景

る。この中で、食品安全に関する第三者認証を岐阜県版HACCPに始まり、ISO 22000、FSSC 22000と順に取得してきたが、それを支える土台は、食品衛生7Sであることを説明する。従業員みんなが食品衛生7Sを地道に活動して続けることにより第三者認証のステップアップが可能となったこと、基本的な衛生管理を具現化する食品衛生7Sを継続することが何よりも食品安全に大切なことも説明する。

　毎年、研修の内容に少しずつ違いはあるが、トップマネジメント自らが繰り返し教育する機会を設けることで、従業員一人ひとりが衛生管理の重要性を認識するのに役立っている。

（7）　アレルゲンに関する教育

　今では世の中で当たり前のように食品中のアレルゲンの有無が気にされるようになった。そのためアレルゲンの知識の教育について、新入社員を含め全社員に実施するように各部署の教育訓練の年間計画に盛り込んでいる（**図5.11**）。

図5.11　アレルゲンに関する教育スライド

　食品安全と聞いて健康被害を及ぼす恐れのあるものとして最初に思い浮かぶのは、食中毒や硬質異物の混入ではないだろうか。食物アレルギーは、身近に困っている人がいないと、その重要性に気づきにくい。当社において工場内で使用している原材料のなかでは豚肉だけが特定原材料に準ずるものであるため、従業員の多くはどのような食品が健康被害をもたらすのか知らなかった。そこで、従業員がみな、いつでもアレルゲンの有無も含めて自社製品を説明できるようになるためには、アレルゲンの種類、アレルギーの症状について正しい知識を身につけることが重要だと考えた。食品安全は人それぞれ異なるということを知ることで、食べ物がもつアレルゲンのリスクに注意を払うようになった。

（8）　コンサルタントによる指導

　衛生管理に根差した食品安全を目指し始めた当初は、指導する立場の社員でも衛生管理についてあまり知識を持ち合わせていなかったため、上手に教えることができず苦労したという。そこで、食品衛生7Sを導

入した時期にコンサルタント（外部の専門家）を起用したことで、衛生管理に対しての意識も大きく変わり、教育の普及につながった。

　新入社員教育の話から脱線するが、コンサルタントの導入効果について紹介したい。コンサルタントがもつ専門的な知識は、社員では気がつかなかった問題点を見つけ、改善の切っ掛けをつくってくれる。コンサルタントが答えを示すのではなく、あくまでも社員が問題点を理解し、どのようにしたら良くなるのかを考え、行動することで、食品衛生7Sの活動が向上していった。指導する立場の社員にとっては、どのように教えたら良いかの手本となり、現場長などのリーダー育成にもなっている。

　その他、年1回定期的に衛生管理の特別講師を招き現場を見ていただいている。普段の7S活動で、できていなかったことや気づかなかったことを指摘していただくことで、改善の機会を得ることになり、新入社員だけでなく他の社員にとっても良い刺激になっている。

（9）　まとめ

　ここまで、新入社員を対象とした衛生管理についての教育をどのように進めてきたかを述べてきた。工場内において守るべき事柄には、どのような理由があり、もし守らなければどのような危害が発生するのかを順序立てて説明している。

　食品事故を起こさない、安全で安心してお買い求めいただける製品づくりを目的とする食品安全には、基本的な衛生管理への理解が重要である。食品製造に携わる一員として一人ひとりが自覚するような教育を心掛けている。図5.12、図5.13に食品安全を守るために重要なこととして教育している内容を示す。

　衛生管理のレベルや従業員教育方法は企業によってさまざまだが、食品安全という共通の目的は変わらないため、自社に合ったわかりやすく

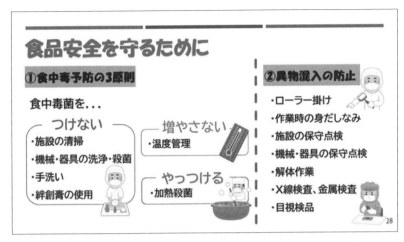

図5.12 食品安全を守るために：食中毒の予防と異物混入防止

図5.13 食品安全を守るために：HACCPと7S活動

実践しやすい指導をすることが大切だと考える。

5.2　FRUXグループの動画を活用した従業員教育

（1）　一般的な衛生教育

　食品工場で働く上で重要なことは、お客様目線で商品をつくることである。安全で安心できる食品をいかにお客様へ提供できるかは、日頃の衛生教育にかかっている。

　病原性微生物で汚染された原材料や使用水の使用、残留農薬や動物性医薬品などの化学物質の混入、硬質異物の混入、基準値を超える食品添加物の使用により製造された食品を、お客様が食べると、健康を害し、生命を失うなど食品衛生上の危害を起こし、大きな社会問題になる。

　食品による危害を未然に防止し、お客様が安心して食品を摂取して、健康で快適な生活ができるようにすることが、食品衛生の目的である。

　そのため、不衛生な身なりで食品を製造しない、装飾品を持ち込まない、工場内で怪我をしないといった安全・衛生面のリスク管理の重要性を、食品工場で働く従業員に理解してもらわなければならない。

　当社では、入社時の衛生教育ならびに定期的な衛生教育に入社時教育冊子を使用して教育を行っている（**図5.14**）。FRUXグループで働く上で

図5.14　FRUXグループの入社時教育冊子

守るべき基本的な内容を取りまとめ、教育担当者が代わっても、教育内容に違いが出ないようにするためである。当社の入社教育冊子の内容を簡単に紹介する。

（a）　衛生管理の重要性に関する意識づけ

お客様目線で食品製造に従事することが、良い商品をつくるためには重要であることから、最初に衛生管理の重要性について、意識づけしている。

（b）　個人健康管理、衛生管理の重要性を理解させる

日々の体調管理や身だしなみは重要である。主な記載事項は次のとおりである。

①　体調管理
②　健康管理
③　傷や怪我の際の対応
④　爪の管理
⑤　毛髪混入対策

（c）　異物リスクを管理する

私物を工場内に持ち込むと、紛失や破損の可能性がある。それらが食品に入ると、異物としてお客様にご迷惑をかけてしまい、時には怪我につながる。異物リスク管理面で私物は厳重に管理しなければならないため、当社では、次のことをルール化している。

①　財布やアクセサリー類の持込み禁止
②　携帯電話の持ち込み禁止
③　マニキュアや付け爪の禁止
④　工場に持ち込めるもののリスト化

⑤　作業に必要な備品類の扱い

（d）　作業服を正しく着用させる

不衛生な身なりで食品を製造すると、微生物の二次汚染や異物混入につながる。従業員には、日々の作業前には鏡の前で身だしなみを確認するように指導している。

（e）　工場入場手順を守らせる

工場に入るにあたっても必ず手順どおりに実施するように指導している。工場入場手順も仕事の一つであり、次のことをしっかり実行させるようにしている。

①　ローラー掛けによる異物除去
②　正しい手洗い

（f）　作業中の安全心得・衛生心得を教育する

安全に作業することが安心できる商品をつくるために重要である。作業を行うときの心得について教育を行っている。

（g）　教育記録および署名を残す

教育を行うときは、教育記録を残す。内容を理解したことの証拠にもなる。また、きちんとした会社である証にもなる。お互いの意思疎通にもなるため記録を残すようにしている。

（h）　食品衛生7Sの重要性を理解してもらう

上記冊子内容以外に当社において、食品衛生7Sを新入社員の入社教育の一環で行っており、現場改善の一つのツールとしても実践している（食品衛生7Sについては6.4節を参照）。食品衛生7S活動は、食品の安全

を守ることはもちろん、従業員の意識や商品品質の向上、お客様からのお申し出の低減につながるなど大きなメリットがある。また、作業工程を明確化し、無理・無駄を除去できる。現場の改善事項は社内で発表し、他工場の参考になるような活動を行っている。

（2） デジタルを活用した従業員教育

作業方法を教育するツールとして、図5.15のような作業手順書がある。従来は紙に文字だけで説明したものや、絵や写真を掲載したものを使って作業教育を行ってきた。紙による作業手順書は、作成者によりフォーマットが異なり統一性がなくなるという欠点があった。

従業員が国際色豊かになるにつれて、日本語がままならない従業員が増えた。そうなると作業手順書も各国語訳したものを準備するなど、作業手順書の本質とは異なるところに労力を費やすことになる。

その対策として、当社では、動画による作業手順書を順次作成している。紙の作業手順書では断片的な作業の写真を見て、説明文を読んで作

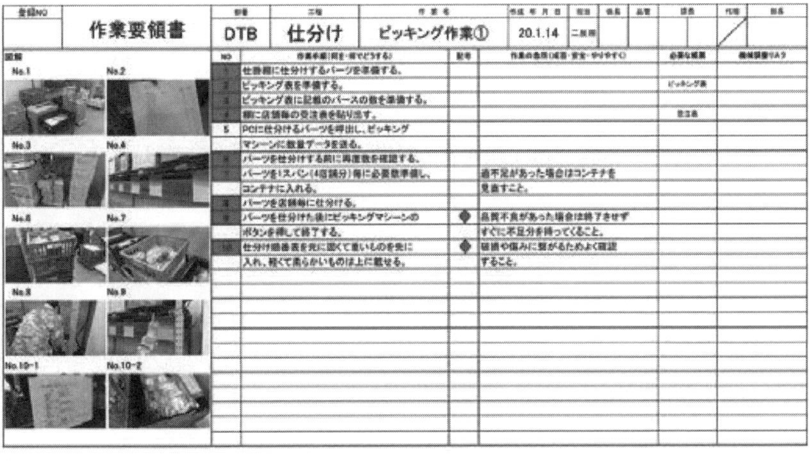

図 5.15　紙の作業手順書

業内容をイメージしなくてはならない。また、説明文を複数の言語に翻訳して、その文字を入力して、紙の作業手順書を作り替えなくてはならない。一方、動画の作業手順書では、作業自体を動画で見るため、それを真似ればよいという利点がある。日本語がままならなくとも、動画である程度理解できる。各国語訳も通訳できる人の音声を録音して、動画の作業手順書にはめ込めば簡単にできあがる。

　品質管理担当者も当初は難しそうと敬遠気味だったが、動画による教育ツールを作成する民間セミナーに参加したところ、初期投資が少なく、意外と簡単に作成できることがわかった。

　以下に当社で行っている動画による作業手順書の作成方法を示す。

（a）　動画作成の準備

　準備するものは、パソコンと会社貸与のスマートフォンだけで、特別な機材や高価な動画編集ソフトは必要ない（**図5.16**）。

　当社では、動画による作業手順書セミナー参加者が、作成方法のマニュアルを動画で作成し、全従業員が視聴できるようにしている。**図5.17**は全社員へ発信した案内である。

図5.16　パソコンとスマートフォンの準備

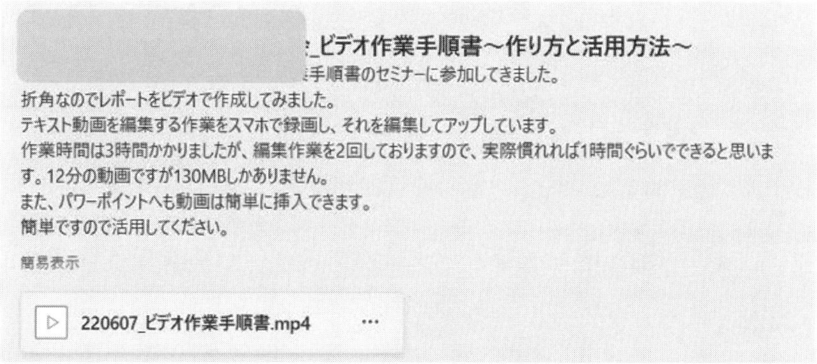

_ビデオ作業手順書～作り方と活用方法～
手順書のセミナーに参加してきました。
折角なのでレポートをビデオで作成してみました。
テキスト動画を編集する作業をスマホで録画し、それを編集してアップしています。
作業時間は3時間かかりましたが、編集作業を2回しておりますので、実際慣れれば1時間ぐらいでできると思います。12分の動画ですが130MBしかありません。
また、パワーポイントへも動画は簡単に挿入できます。
簡単ですので活用してください。

簡易表示

▷ 220607_ビデオ作業手順書.mp4　…

図5.17　ビデオ作業手順書の案内

（b）　動画の作成

スマートフォンでつくりたい作業手順書の動画を撮影する。適宜、作業説明しながら動画撮影するとよい。各場面を分割し撮影しても、編集時につなぐことが可能である。通しですべての作業を録画することもできるが、作業により撮影角度を変更したほうが理解しやすく、また作業と作業の間の無駄な時間を削除しやすいため、端的に伝えたい作業を分割して撮影したほうが、編集時間や動画視聴時間を削減できる。**図5.18**に撮影した動画のひとコマを示す。

（c）　動画の取り込み

スマートフォンで撮影した動画をパソコンへ取り込む。取り込み終了後、Windowsのパソコンに標準搭載されている動画編集ソフト「ビデオエディター」もしくは「Clipchamp（動画エディター）」[*]を起動させる。起動後に撮影した動画を取り込む。なお、Windowsのバージョンによ

[*]Clipchampは、Windows 11に標準搭載されている動画編集ソフトだが、Windows 10のユーザーであってもMicrosoft Storeからダウンロードして使える。

図5.18　撮影した動画のひとコマ

っては、「フォトレガシ」をインストールしないと「ビデオエディター」
を使用できない場合がある。

（d）　動画の編集

取り込んだ動画を下部の「ストーリーボード」へドラッグ＆ドロップ
する。その後、作業手順書にタイトルを入れる場合は「タイトルボード
の追加」を押して追加する。動画にもテキスト（文章）を加えることがで
きる。また、動画の分割、トリミングも可能である（図5.19）。

詳細はMicrosoftサポート「ビデオエディター映画を作成する」など
を参照されたい。

（e）　BGMやナレーションの挿入

動画にBGMを入れることもできる。BGMボタンを押して音楽を選択
して挿入できる。動画を見るだけでは飽きるため、BGMは飽き防止策
として効果的であるというアドバイスがセミナー講師からあった。実際

図5.19 必要な動画をドラッグ＆ドロップ

に無音だと面白くない。見てほしい人に少しでもBGMでリラックスしてもらい、内容をしっかり理解してもらうことも工夫の一つである。

　ナレーションも挿入できる。自分の声を録音して挿入するのも一つだが、テキストを読み上げるフリーソフト(例えばテキストトーク、https://gui.jp.net/textalk/)もある。音声を保存し、動画に挿入することで、視覚と聴覚を使って学習できる。なお、社内で翻訳できれば、複数の言語で音声を録音した外国語版をつくることも可能である。

（f）　ビデオの完成

　すべての作業が終了後、ビデオの完成ボタンを押して保存する際の画質を選択する。低画質であってもスマートフォンでの視聴には十分であり、容量も低く抑えられるというメリットもある。その後、エクスポートボタンを押して完成である(図5.20)。作成動画を社内で共有できる場所へ保存して活用する。

図5.20　完成した動画のひとコマ

（g）　作成時のポイント

　動画時間は3〜5分ぐらいになるように作成する。長すぎると見ていて飽きてしまうこと、一度に覚える内容が多すぎて吸収できないなど、かえって非効率になる。動画を見返す際も視聴時間が長いと、見る時間もかかるし、必要な場面を探すのも大変である。極力見る側と作る側のバランスで動画時間を調整することが、お互い長続きするポイントである。また、あまり凝らないこと、100点を取りにいかないことも大切である。おかしいところは、また作り直せばよい。

　動画作成に時間をかけずに、いかに作業ポイントを伝えるかが重要である。作成していくたびに徐々にうまくなる。まずは「やってみなはれ」の精神でいくのが成功の秘訣といえるかもしれない。

（h）　社内での情報共有

　作成した動画作業手順書を社内で共有することで、いつでもどこでも誰でも教育できる。社内のサーバーに保存して各自がそこに見に行くのも一つの方法だが、製造現場にパソコンを持ち込み、作業しながら教育

図5.21　Teamsを活用した情報共有

するのは少し労力が必要であり、長続きしない原因にもなる。

　当社では、社内情報共有ツールとしてMicrosoft Teams（以下Teams）を使用している。Teamsの中に「作業手順書」フォルダを作成し、クラウド上に保存することでいつでもどこでも誰ででも視聴できる環境を整備している（**図5.21**）。

　Teamsを使用すれば、現場で従業員教育することも可能である。また、スマートフォンにTeamsをインストールしておけば、動画を再生しながら作業教育ができるので、より理解を深めてもらえる（**図5.22**）。

（ⅰ）　動画作業手順書の効果

　教育で重要なのは不参加者をなくすことである。また、日本語がままならない外国人従業員でも、紙の作業手順書より動画のほうが作業をイメージしやすく、文字や数字などを視覚的に示すことで、さらに理解が

図5.22　スマートフォンでの動画再生

深まる。

　当社においては、各工場で従業員の理解不足が課題となっている部署から順に動画作業手順書を作成している。

　動画作業手順書作成の効果が見られた事例として、仕分け作業の指摘件数の低減がある。動画作業手順書の教育を行った後、指摘件数が約60％削減された。作業者各々がやりやすい方法で仕分けするのではなく、ミスが起きやすいポイントを踏まえて改善した方法で仕分けることで効果が見られた。

　動画を見るほうが、文字を読むより記憶に残りやすいとされているため、今後は、作業手順書も随時作成するとともに、品質に関する資料（入社時教育マニュアルなど）も動画にし、入社時や従業員への再教育（年1回実施など）ツールとして、作成・活用していく計画である。

（j）　まとめ

　動画による作業手順書を始めるにあたり、当初やり方がわからないため敬遠していたが、セミナーに参加し、具体的な作成方法を教わったこ

とで、初期投資も必要ないことがわかり、動画による作業手順書作成の
ハードルが下がった。また、セミナーレポートとして、動画作業手順書
の作り方を解説したものを、Teamsにアップした。いつでも誰でも勉
強できる環境をつくることができたため、直接教えなくても、従業員が
見よう見真似で作業手順書を作成してくれるようになった。これを継続
させるためには、ことあるごとに多くの従業員に動画で作業手順書をつ
くらせて、少しずつ前へ進めて行かなければならないと考えており、当
社の今後の課題でもある。

第6章

食品安全の考え方

本章では、食品安全文化、食品の安全を守るための国の施策、一般衛生管理の重要性、HACCP普及の歴史などについて述べる。いずれも現在みなさんが担当されている食品工場における実務とは直接かかわりが薄いテーマである。しかし、近い将来、皆さんが工場全体のことを考える立場になったときには、理解すべき重要な概念が簡潔に記述されている。考え方だけでも理解してほしい。

6.1 食品安全の定義と考え方（食品安全文化）

（1） はじめに

「食品」は人間の生命の維持に欠くことができないものであるとともに、食品の安全と健康は密接な関係がある。食品の安全は健康で充実した生活の基礎として大切なものであり、「食品の安全の確保」は私たちの健康を守るために極めて重要である。

一方、近年、生産や流通のあり方は大きく変化し、世界中からさまざまな食品が届けられるようになった。私たちは、それらを日々食べることができるようになり、食生活は複雑化している。経済の発展に伴い、

豊かな食生活を手に入れ、享受しているのである。

　しかしながら、このような環境下で、食中毒、食品表示法違反、食品衛生法関連法令違反など、食品にかかわる事故も多く発生している。2011年に発生した焼き肉チェーン店での腸管出血性大腸菌O-111およびO-157食中毒事件では有症者数181名、うち死者は 5 名を数えた[1]。2012年に発生した浅漬による腸管出血性大腸菌O-157食中毒事件では患者数169名、死者 8 名が報告されている[2]。これらの食中毒事件では、美味しく健康に役立つべき食品が、人を死に至らしめるという、非常に残念な結果を招いている。また、同時に食中毒を発生させた食品事業者は廃業となり、従業員・取引先に多大な迷惑をかける結果ともなりかねない。さらに、2012年には乳製品のアレルギーがある小学校 5 年生の女児がチーズ入りのチヂミを食べ、アナフィラキシーショックで死亡した事件もあった[3]。アレルギーをもたない人には重要な栄養源であるチーズが、アレルギーをもつ人を死に至らせたのである。

　2021年の厚生労働省の統計によれば、食中毒発生件数は717件、患者数は11,080名、死者 2 名が報告されている[4]。

　私たちが毎日食べている「食品」は、必ずしも「安全」であるとはいえないのである。

（2）　安全な食品とは

では、私たちが安心して食べることができる「安全な食品」とはどのようなものだろうか。

　食品は保管温度の影響や古くなることで腐ったり変質したりする。それらを食べると危険だということは誰しもが知っている。そのため、自分で注意して、腐ったものは食べないようにしながら食生活を営んでいる。

　しかし、腐敗・変敗を伴わない危険な食品もある。食中毒菌が食品に

付着していれば、五感では判断できないが、食べたときに食中毒を引き起こす可能性がある。つまり、消費者が気をつけていても避けることができない危険な食品がある。したがって、食品にかかわる企業とそのサプライチェーン全体が責任をもって安全な食品を提供する責任があり、そのための仕組みが必要である。

　コーデックス委員会*が2020年に改訂した国際的な食品規格「食品衛生の一般原則」**において、食品の安全性とは「目的の用途に従って食品を調理および／または摂取した場合、消費者が危害を被ることはないという保証。」と定義している[5]。すなわち、安全な食品とは、私たちが日常食べている限りは、健康に害を及ぼすことがない食品といえよう。

　ここでいう、「安全」は「安心」ということではない。安全は科学的評価により、客観的に決定されるものであるが、安心は消費者の心理的な判断であり、主観的なものである。したがって、客観的証拠にもとづいて「この食品は安全です」と宣言しても、それだけでは消費者が「それでは安心して食べます」ということにはならない。安全だけでは消費者に安心してもらうことはできず、信頼が伴わなければならない。また、その信頼を得るためには、行政や食品事業者の誠実な姿勢と真剣な取組み、および消費者への十分な情報提供が必要である。食品事業者が「安全」な食品をつくり、かつ「信頼」を得られる取組みを行うことで、初めて消費者に「安心」していただけるのである[6]。

（3）　食品安全のための国の施策

　食品の安全を守るために、国の行政はその仕組みづくりを行っている。前述のように食生活を取り巻く環境が大きく変化したことや、BSE（牛

　　＊コーデックス委員会とは、FAO（国際連合食糧農業機関）とWHO（世界保健機関）が合同で食品規格をつくる政府間機関である。
　＊＊食品衛生の一般原則とは、コーデックス委員会が作成した国際的な食品規格である。各国の食品の基準は、この国際基準との調和を図ることを推奨している。

海綿状脳症)の発生などの事態を受け、2003年に食品安全基本法が制定され、「食品の安全性の確保に関するあらゆる措置は、国民の健康の保護が最も重要であるという基本的認識の下に講じられなければならない。」という基本理念が明らかにされ、食品の安全を守る仕組みを「リスク評価」、「リスク管理」、「リスクコミュニケーション」の3要素から構成する食品安全の仕組みが示された(**図6.1**)[7]。

　この仕組みにおいてリスク管理(病原性微生物・残留農薬等・食品添加物などの法的規制)は厚生労働省などが行い、リスク評価(法的規制を行うために必要な危害・毒性などの科学的根拠の評価)は食品安全委員会が行う。両者を役割分担することで科学的な規制が行われるようになる。また、リスクコミュニケーション(厚生労働省などのリスク管理機

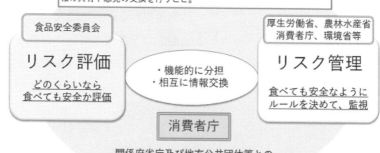

出典)　消費者庁：「食品の安全を守る仕組み」
　　　　https://www.caa.go.jp/policies/policy/consumer_safety/food_safety/food_safety
　　　_portal/safety_system/

図6.1　食品の安全を守る仕組み

関、消費者、食品等事業者などが意見の交流を行う仕組み）が、食品安全を守る仕組みとして必要であるとされている。

　さらに、飲食による健康被害の発生を防止するための法律である食品衛生法が、食を取り巻く環境の変化や国際化などに対応して食品の安全を確保するために、2018年に大改正され、大規模または広域に及ぶ食中毒への対策の強化や、HACCP（Hazard Analysis and Critical Control Point：ハサップと読む）に沿った衛生管理の制度化などが規定された[8]。

　また、世界中の消費財の流通・小売業者と製造事業者を結集する唯一の国際的な消費財業界団体であるCGF（The Consumer Goods Forum）は、すべての消費者に安全な食品を提供することをビジョンに掲げている。2000年5月、CGFはその一部門としてGFSI（Global Food Safety Initiative：世界食品安全イニシアチブ）を発足させ[9]、FSSC 22000*など数多くの食品安全管理規格の承認を行っている。

（4）　食品安全文化

　GFSIでは、食品安全文化を「組織内、組織間、組織全体の食品安全に対する考え方や行動に影響を与える共有された価値観、信念、規範」と定義している[10]。食品安全文化は、社長や工場長といった経営トップが食品安全を重視する姿勢、個々の従業員同士で、食品安全に関する考え方や食品衛生に関する懸念を、議論・共有する姿勢によって培われていく。そうした活動が日常的に行われ、積み重ねられていくことが、社内で食品安全が尊重されることにつながる。

　ここで重要なポイントとなるのが、リーダーシップである。社内で食品安全の文化を醸成するために、社長や工場長といったトップが、食品安全文化の醸成に向けた意志を会社全体に表明し、その実現のために、

＊FSSC 22000とは、GFSIが国際的な規格として認めているHACCPに関する規格の一つである。

必要な体制構築や人、もの、金など経営資源の配分などの経営判断を行っていくことが求められる。また、部長、課長、係長、リーダーなど社内のすべての職責者が、食品安全文化を尊重する努力が必要である。

食品安全文化については、コーデックス委員会の「食品衛生の一般原則」にも記載されており、FSSC 22000などのHACCP関連規格にも取り入れられているとおり、多くの食品企業にとっても非常に重要な規範となっている。

今日、先進国の大部分は、大量生産され、世界規模で調達、加工、流通された食品に依存しているため、食品安全基準を維持することの重要性は十分に認識されている。しかし、ますます複雑化・断片化する食品供給システムにおいては、文書化された規則、規制当局の監督、そして食品の安全な取扱い以上のことが「食品安全文化」として求められているのである[11]。

6.2　一般衛生管理による食品安全の確保

HACCPが、原料由来、製造工程由来の食品固有の危害要因を管理することで食品の安全を確保するのに対して、一般衛生管理は、施設や設備の清掃・洗浄・殺菌や食品取扱者の手洗いなど、いかなる食品に対しても共通して行うことで食品の安全を確保する。

（1）　一般衛生管理と食品等事業者が実施すべき管理運営基準

一般衛生管理を指すものとして、PRP（prerequisite programs：前提条件プログラム）、GMP（Good Manufacturing Practice：適正製造規範）、GHPs（Good Hygiene Practices：適正衛生規範）などと、用語により規格や要求事項に多少の違いがあるものの内容は基本的に同じである。そのため以降は一般衛生管理と表記する。

　一般衛生管理は、厚生労働省作成の「食品等事業者が実施すべき管理運営基準に関する指針（ガイドライン）」[12]の中にも記載されており、保健所等はこれに従って、食品等事業者を指導することになっている。

　以下に、ガイドラインを参考に食品等事業者が行う施設環境および食品取扱者に関する衛生管理の項目を示す。食品等事業者はこれらの項目に対して衛生管理を行う必要がある。

---

① 施設環境の衛生管理

(a) 施設の衛生管理（トイレの洗浄・消毒、冷蔵庫・冷凍庫の温度確認など）

(b) 食品取扱設備等の衛生管理（使用器具の洗浄・消毒など）

(c) 使用水などの管理（水質検査など）

(d) そ族および昆虫対策（有害生物の防除や駆除）

(e) 廃棄物・排水の取扱い（廃棄物および排水の処理など）

(f) 食品衛生責任者の設置

(g) 食品等の取扱い（原料の受入の確認、交差汚染・二次汚染の防止など）

(h) 運営管理要領の作成（衛生管理に関する手順など）

(i) 記録の作成および保存

(j) 回収・廃棄

(k) 検食

(l) 情報の提供（食品表示など）

② 食品取扱者の衛生管理

(a) 食品取扱者の健康管理（健康状態の確認など）

(b) 食品取扱者の衛生管理（衛生的な手洗い、衛生的な作業着の着用など）

(c) 食品取扱施設等における食品取扱者等に対する教育訓練

(d) 運搬(車両、コンテナ等の衛生管理など)

(e) 販売(適切な温度での販売など)

（2） HACCPにおける一般衛生管理の重要性

HACCPは、米国で開発され、食中毒を含む食品事故の低減に効果を挙げたことで、世界的に広がった。しかし、他国ではHACCPを導入しても食品事故の低減にあまり効果がなかった。その理由は、米国ではGMPなどの一般衛生管理に関する規則が浸透していたが、他国にはこれがなかったからである。このことから一般衛生管理の重要性が認識されるようになった。そのような状況の中で、AAFC（Agriculture and Agri-Food Canada：農業・農産食品カナダ）はPRPという用語をつくり、カナダ食品安全性推進計画にこの概念を組み込んだ[13]。PRPは、製品の製造管理に直接関連はないが、個人衛生や施設・設備のメンテナンスなどの製造環境の必要条件を定めたものである。

（3） 一般衛生管理と食品取扱者の衛生管理

施設・設備などの衛生管理は、**6.4節**で説明するので、ここでは食品取扱者の衛生管理を取り上げる。

食品取扱者の衛生管理は、食品取扱エリアに、食中毒菌やウイルス、異物を「持ち込まない」、「付けない」ために大切である。最新の設備や機械を導入し、それらを清潔に保ったとしても、それらを取り扱う食品取扱者が不衛生であったり、異物の原因となる物品を持ち込んだりしては、食中毒や異物混入などの食品事故を防ぐことはできない。前述の「食品等事業者が実施すべき管理運営基準に関する指針（ガイドライン）」を参考にした食品取扱者の衛生管理に関する事項を示す。食品取扱者は入室時に①〜⑤を、食品取扱い時に③および⑥を注意する。

① 食品取扱者の健康診断は、食品衛生上必要な健康状態の把握に留意する。

② 次の症状を呈している食品取扱者については、その旨を食品等事業者、食品衛生管理者または食品衛生責任者等に報告させ、食品の取扱作業に従事させないようにするとともに、医師の診断を受けさせる。

(a) 黄疸

(b) 下痢

(c) 腹痛

(d) 発熱

(e) 発熱を伴う喉の痛み

(f) 皮膚の外傷のうち感染が疑われるもの(やけど、切り傷など)

(g) 耳、目または鼻からの分泌(病的なものに限る)

(h) 吐き気、おう吐

皮膚に外傷があって上記(f)に該当しない者を従事させる際には、当該部位を耐水性のある被覆材で覆う。

③ 食品取扱者は、衛生的な作業着、帽子、マスクを着用し、作業場内では専用の履物を用いる。

④ 指輪などの装飾品、腕時計、ヘアピン、安全ピンなどを食品取扱施設内に持ち込まないようにする。

⑤ 食品取扱者は、常に爪を短く切り、マニュキュアなどは付けないようにする。

⑥ 作業前、用便直後および生鮮の原材料や汚染された材料などを取り扱った後は、必ず十分に手指の洗浄および消毒を行うようにする。

みなさんが、日常業務で当たり前に実施している食品製造開始前の準

備活動はすべてこの管理運営基準に関する指針に示されている。

　例えば、出社時までに爪を短く切ること、装飾品などは工場内に持ち込まないこと、入室前に所定の作業着と帽子に着替え、マスクを着用すること、健康状態に問題ないか自主チェックすること、手指に傷がある場合は、特別な絆創膏および使い捨て手袋を着用すること、手洗いをするといったことである。

（4）　見える化とPDCAサイクルの重要性

　一般衛生管理の実施において、「衛生管理計画の策定」、「計画に基づく実施」、「確認・記録」することで、活動の見える化を行うことが、大切である。この見える化は、社内において、すべての食品取扱者が同レベルの作業をすることができるようにするとともに、取引先や保健所などに対しても、自社の衛生管理の活動を文書（手順書や計画書、記録）により示すことで、信頼の向上につなげることができる。

　見える化を行った後は衛生管理計画をより良いものとするためPDCA（Plan：計画、Do：実行、Check：評価、Act：改善）サイクルを回すことが重要である。

　衛生管理計画を策定後に変更点があったにもかかわらず見直さなかったり、衛生管理計画を実行しないまま単に記録のみを行ったりなど、形骸化すると衛生管理の実効性が伴わない。衛生管理計画を正しく、運用するにはPDCAサイクルを回しながら、次の活動を繰り返す。

- Plan：ルール（計画や手順など）を策定する。
- Do：ルールどおりに実行し、それを記録する。
- Check：ルールどおりに実行しているか、記録などを確認する。
- Act：記録などの確認の結果、ルールどおりに実行できていなければ、ルールどおり行えていない食品取扱者を教育・訓練する。また、必要に応じて、ルールを改訂する。

　なお、ルールの策定時は、理想を追求するあまり実行できないルールを定めるのではなく、現状もしくは一歩上のルールを明文化し、PDCAサイクルを回しながらルールをより高度にすることを目指したほうがうまくいくことが多いことに留意されたい。また、記録はチェックリストを活用するなど、現場で実行しやすい様式とすることで、現場の負担を軽減する。ルールや記録は、現場の意見を取り入れながら、効率的かつ効果的に行えるようにする必要がある。記録の確認は、形骸化せずに正しく行われることを責任者が毎日、もしくは決められた間隔で確認する。また、過去のルールにとらわれず、ルールの改善を行うようにする。

　これらの活動を通じて、衛生管理計画や食品取扱者の業務を改善しながら、食中毒や異物混入などの食品事故を防ぐことを目指す。

6.3　HACCPによる食品の安全確保

（1）　HACCPの12手順7原則

　NASA（米国航空宇宙局）は、アポロ計画（月面探査）のために宇宙飛行士が地球から離れた宇宙で食中毒などを起こさない食品の安全管理システムを検討する必要があった。NASAは、1959年からピルズベリー社とコンサルティング契約を締結し、宇宙食の開発をスタートさせた。1969年には一般衛生管理が連邦法として制定され、米国の食品工場では全社的な衛生管理として運用された。1971年にピルズベリー社が宇宙食の開発の仕組みをHACCPとして論文発表したが、1973年の缶詰業界の規制にHACCPの考え方が取り入れられただけで、それ以外の分野では大きな関心をもたれることはなかった。

　1982年、腸管出血性大腸菌O-157による食中毒がハンバーガーショップで発生した。この事故を契機にNAS（米国科学アカデミー）*は、宇宙食開発で安全な食品製造に用いられ、缶詰業界の規制で効果を挙げた

表6.1　HACCPの12手順7原則

手順	原則	項目	内容
手順1		HACCPチームの編成	担当者を決定する。
手順2		製品についての記載	取り扱う製品を決定する。
手順3		意図する用途/消費者の確認	食品はどのように使われるのかを確認する。
手順4		フローダイヤグラムの作成	製造する食品の工程図を作成する。
手順5		フローダイヤグラムの現場確認	現場で製造工程図を確認する。
手順6	原則1	ハザード分析	製造工程のどこに食品への危害要因があるかを分析する。
手順7	原則2	CCP（必須管理点）の決定	食品への危害に関する製造工程を決める。
手順8	原則3	CL（管理基準）の設定	食品への危害に関する基準を決める。
手順9	原則4	モニタリング方法の設定	CCPを管理する監視方法を決める。
手順10	原則5	改善処置の設定	CCP管理を逸脱した食品の改善内容を決める。
手順11	原則6	検証方法の設定	CCP管理の状態を別の方法手段で確認する。
手順12	原則7	記録の維持	HACCPの実施内容のすべてを記録する。

HACCPが食中毒防止に有効な手段であると考え、HACCP導入を勧告した。1989年、米国の産官学の専門家が食中毒防止のためにHACCPの7原則を発表した。すでに、1969年から一般衛生管理が連邦法として制定され、米国の食品工場では全社的な衛生管理として運用されていた。

＊NAS（National Academy of Sciences）とは、科学分野における独立した客観的な助言を国に提供することを任務とする米国の非営利、非政府団体である。

一般衛生管理による衛生管理の土台が構築されていたので、HACCPの7原則のみを実施すれば製造工程から健康被害を除去する仕組みができた。その後、HACCPの7原則の前に5つの手順が加わり、表6.1に示す12手順7原則となった。

（2） HACCPの7原則の概要

HACCPの原則1では、原材料の入荷から製品出荷までの製造工程中にある食中毒菌による汚染や異物混入などの危害要因（Hazard：ハザード）を分析する。製造工程に潜む危害要因は、生物的危害、化学的危害や物理的危害に分けて洗い出す。危害要因の有無だけでなく、「健康被害を起こす危害要因の発生しやすさ」や「健康被害が発生したときの重篤性」などを考慮して危害要因分析を行わなければならない。健康被害を引き起こす危害要因の分類を表6.2に示す。

原則2のCCP（Critical Control Point：必須管理点）では、危害要因分析によって健康被害を起こす危害要因を除去または低減するための重要な工程を決定する。

原則3のCL（Critical Limit：管理基準）では、必須管理点の工程で危害要因が管理できたかどうかを判断する基準を設定する。

原則4のモニタリング方法の設定は、管理基準の設定値を満たしてい

表6.2 HACCPにおける危害要因の分類

分類	記号／英語	主な危害要因
生物的危害	B／Biological	病原性微生物、腐敗微生物、ウイルス、寄生虫など
化学的危害	C／Chemical	カビ毒、重金属、残留農薬、抗生物質、洗浄剤・消毒剤など
物理的危害	P／Physical	金属片、ガラス片、石など

ることを監視する方法や手段を決めることである。

　原則5および6では、CCP管理による逸脱時の対応やCCP管理の実効性を確認する。

　原則7は、HACCPの実施内容を記録する。

（3）　総合衛生管理製造過程の承認制度の廃止とHACCPの制度化

　1995年、総合衛生管理製造過程の承認制度（以下、マル総）が制定され、日本国内でHACCPによる衛生管理が始まった。大規模食品事業者は、厚生労働省によるHACCPに対する優遇制度や普及促進策により、HACCP導入を進めていった。しかし、大規模食品事業者の状況を見た中小規模事業者は、HACCP導入には設備や施設などのハードに多大な投資をしなければできないと捉えてしまった。さらに、2000年にマル総を国内で最初に取得した大手乳業メーカーが起こした大規模食中毒事件により、マル総は、その信頼を大きく失ってしまった。

　その後2018年6月に「食品衛生法等の一部を修正する法律」が公布され、マル総は廃止され[14]、すべての食品等事業者が新たにHACCPの制度化に取り組むことになった。

　厚生労働省は、「HACCPに沿った衛生管理」といい、HACCPの制度化を「HACCPに基づく衛生管理」、「HACCPの考え方を取り入れた衛生管理」の2つに分類している。「食品等事業者団体による衛生管理計画手引書策定のためのガイダンス（第4版）」[15]には、「HACCPに沿った衛生管理については、コーデックスのガイドラインに基づくHACCPの7原則を要件とする『HACCPに基づく衛生管理』を原則とするが、小規模事業者及び一定の業種については、コーデックスHACCPの弾力的な運用を可能とする『HACCPの考え方を取り入れた衛生管理』を求めている。」とある。HACCP制度化は、それぞれの食品事業者の業種や企業規模に合わせて「HACCPに基づく衛生管理」もしくは「HACCP

の考え方を取り入れた衛生管理」のどちらかを選択できる。食品事業者は、一般衛生管理に加えてHACCPに沿った衛生管理計画を策定し実施した衛生管理の内容を記録し保管することが義務づけられている。

HACCPの制度化を目指す食品事業者は、それぞれの食品事業者団体が作成した手引書をもとに一般衛生管理の作成と運用を行えば簡単にスタートできる。手引書は、食品の特性や製造時に注意すべきポイントに注力しているので、手引書の内容に従って自社の状況に合わせてHACCP構築と一般衛生管理を実践する。

食品事業者は、次の5つの項目を実施するとHACCPの制度化に対応できる。

① 「HACCPに沿った衛生管理」および「一般衛生管理」に関する基準を含む衛生管理計画を作成する。

② 衛生管理計画を従業員に周知・徹底する。

③ 清掃、洗浄、消毒や食品の取扱いなどについて具体的な方法を定めた手順書を作成する。

④ 衛生管理を実施した記録を保存する。

⑤ 衛生管理計画および手順書の効果を定期的に振り返り、必要に応じて内容を見直す。

自社製品と関連する食品等事業者団体が作成した手引書がなければ、食中毒予防に必要な管理基準がある衛生管理計画を参考に作成し、実施記録を保存すればよい。

なお、『食品衛生法対応　はじめてのHACCP』（NPO法人食品安全ネットワーク監修、日科技連出版社）の第1章にHACCPの詳細が説明されているので、興味ある方は参照されたい。

（4）　コーデックスHACCPと今後の展開

2020年は、食品衛生の観点で見ればHACCPをキーワードにして、大

きな変革があった年といえる。国内では、改正食品衛生法が施行され、国際的にはコーデックス委員会が、食品規格「食品衛生の一般原則」を17年ぶりに改訂した。今まで付属文書であった「HACCPシステムおよび適用のためのガイドライン」を第2章とし、コーデックスHACCPとしての体系を明確にしている[16]。コーデックスHACCPは、食品安全を達成するために新しい考え方や定義などを追加している。

　この新しいHACCPの制度化への対応は、新型コロナウイルス感染症(COVID-19)の感染拡大により、スタートダッシュできなかった。しかし、各保健所は、新型コロナウイルス感染症が終息する兆しが見られた後には、HACCPに沿った衛生管理の現場確認や指導などを一気に進める準備をしている。厚生労働省は新型コロナウイルス感染症禍にあっても、2020年3月に「食品衛生に関する監視指導の実施に関する指針」を一部改正し告示した[17]。2021年3月には、保健所の衛生監視員が食品事業者に対する「食品衛生監視票」の改訂を通知し[18]、準備は着々と進んでいる。

6.4　食品衛生7Sを土台とした食品安全の運用

（1）　食品衛生7Sについて

　食品衛生7Sは、2006年に食品安全ネットワークが食品企業の製造現場でわかりやすい衛生管理活動として提唱したものである。一般的な製造業における5S(整理・整頓・清掃・清潔・躾)は、無駄を排除して作業効率の向上を図ることを目的にしている。一方、**図6.2**の食品衛生7Sの概念図を見ると「微生物レベルの清潔」を目指した微生物制御に関する項目である「洗浄」と「殺菌」を「清掃」から独立させている。食品衛生7Sの微生物レベルの「清潔」は、「清掃」だけでは不十分である。食品の製造環境は、「清掃」だけでなく食品残渣(ざんさ)などを「洗浄」で取り

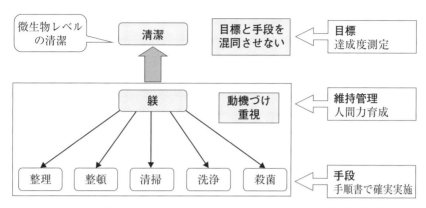

出典）　『食品衛生新5S入門』（米虫節夫［編］、日本規格協会、2004年）を元に作成

図 6.2　食品衛生7Sの概念図

表 6.3　食品衛生7Sにおける用語の定義

項目	定義の内容
整理	要る物と要らない物とを区別し、要らない物を処分すること
整頓	要る物の置く場所、置き方、置く量を決めて、識別すること
清掃	ゴミや埃などの異物を取り除き、きれいに掃除すること
洗浄	水・湯、洗剤などを用いて、機械・設備などの汚れを洗い清めること
殺菌	微生物を死滅・減少・除去させたり、増殖させないようにすること
躾	「整理・整頓・清掃・洗浄・殺菌」におけるマニュアルや手順書、約束事、ルールを守ること
清潔	「整理・整頓・清掃・洗浄・殺菌」が「躾」で維持し、発展している製造環境

除き「殺菌」することで目的である微生物レベルの「清潔」を達成できる。食品衛生7Sの実践により、安全な食品を継続的に製造可能な環境にすることができる。食品衛生7Sの用語の定義は**表6.3**に示すとおりである。

　詳しい定義や運用を学びたい方は『食品衛生法対応　はじめての

HACCP』の第2章を参照されたい。

（2）　食品衛生7Sの効果

　食品企業が食品衛生7S活動を継続して取り組むと食品製造現場の衛生レベルが向上するだけでなく、企業全体の生産性も良くなる。食品衛生7Sを実践することの効果と関連キーワードは**表6.4**のとおりである。以下にそれぞれについて詳しく述べる。

①　作業効率の向上

　食品衛生7Sの「整理・整頓」により定位置管理が進むと、不要物がなくなり作業スペースや動線の確保ができる。作業中に必要なものを探す時間も減る。「整理・整頓」による効果で、広くなった作業環境ができると余裕のある作業ができるようになり作業効率が向上する。

②　コストダウン

　工場内の「整理・整頓」を始めると、作業場内の手袋やビニール袋などの過剰な在庫に気づいたりする。現場で必要な使用量について話し合い在庫ルールを決める。置き場所が定まっていない備品類をまとめて定位置管理の指定場所に品名や数量を表示して管理する。食品製造現場で

表 6.4　食品衛生7Sの効果に関連するキーワード

項目	キーワード
①作業効率の向上	定位置管理、作業スペースの確保、作業性の向上
②コストダウン	在庫ルール、過剰在庫の防止、作業効率の向上
③人材育成	衛生管理の実践力、問題発見力、問題解決力
④消費者お申し出の減少	ルールの遵守、組織の団結力、個人の責任感
⑤利益向上	ムダ取り、自主的な改善活動、新規取引先獲得

は、明確なルールを策定する細かな改善で過剰在庫もなくなり、結果的に大きなコストダウンへとつながる。

③　人材育成

食品衛生7S活動がスタートし時間が経過すると、作業者が自ら衛生管理上の問題を考えるようになり、問題発見能力の向上につながる。問題は自然に見つかるのではなく、自発的に考えて探していかなければ発見できない。食品衛生7S活動の維持には、「問題を常に考え続ける意識」をもち、「問題解決する活動」から「問題解決する方法や手段」を身につけることが重要である。衛生管理を実践すると、改善すべき問題を発見し改善する実力を身につけた人材が増えていく。

④　消費者からのお申し出の減少

食品衛生7Sは、活動方針を定め、衛生管理の改善活動を全社的な取組みとして展開できる。作業者が、自主的に食品衛生7S活動の「整理・整頓・清掃」に取り組むと製造現場の環境が改善されて異物混入の発生も少なくなる。取り組む前にあった作業者の「やらされ感」は目的をもって自ら積極的に取り組むことによって「団結力や責任感」へと変化し、消費者からのお申し出の件数も減少する。さらに、入場ルールなどがレベルアップすると毛髪混入なども徐々に減少する。

⑤　利益向上

食品衛生7S活動を行うと製造現場は「躾」によって「整理・整頓」や「清掃・洗浄・殺菌」が実践されることで、「清潔」になり利益向上につながる。例えば、清潔な製造現場では、作業者が自信をもって製造し、お客様に見せられる施設となる。施設を見たお客様の印象が良くなり、工場に併設した直売所の商品のイメージが良くなり販売数が向上す

る。新規取引先の訪問にも自信のある対応ができるので、新規顧客獲得につながる。また、作業者の意欲が高くなると、新商品開発にトライするモチベーションアップにつながる。

（3） 食品衛生7Sと施設設備

　食品工場の内装材の設計担当である筆者は、食品工場内の天井・壁の内装を設計している。業務経験から食品衛生7Sを実践している工場と実践してない工場では明確な違いがある。食品衛生7Sを実践している工場は、壁や天井の断熱パネルだけでなく、扉のパッキンに至るまで非常に清潔である。設備担当者は、「整理・整頓・清掃」などを気にかけているため、壁の清掃や室内の結露などの管理や状態を具体的に説明することができる。筆者も内装材の改良点や適切な内装材選定につなげるヒントをいただくことがある。また、食品衛生7Sが浸透している工場は、経営者だけでなく製造現場の作業者までが、微生物レベルの清潔を実現するために「自分たちの工場をきれいに使う」という意識が当たり前のように浸透していることに驚かされる。

　一方、食品衛生7Sを実践していない工場ではさまざまな問題を見かける。例えば、プレハブ冷蔵庫の扉のパッキンにカビが発生していた事例がある。発生直後のカビは、ふき取りやアルコールによる殺菌などで除去が可能である。図6.3は付着したカビが除去されずパッキンの中まで根深く広がってしまったものである。この状態では、ふき取りでは除去できず、パッキンの交換となる。食品の製造環境では、冷蔵庫の扉のパッキンの汚れを放置するとカビなどが発生する。食品衛生7Sの「洗浄・殺菌」が定期的に実施されていれば、パッキン部分のカビが根深く広がらずパッキンの交換には至らない。

　日頃から徹底した清掃が行われる製造現場では、初期段階でカビの発生を発見する。上記の場合も、食品衛生7Sが徹底され、「製造現場をき

図6.3　扉のパッキンに付着したカビ

れいに使う」という意識があれば初期の段階で気づいて改善が可能であったと考えられる。食品衛生7Sの実践はメンテナンスが計画どおりに実行される。その結果、設備の破損や故障が起きにくくなり、施設設備のランニングコストや修繕のための緊急で高額な投資になる修理費用が抑えられる。

（4）　食品衛生7Sは食品安全の土台になる

　食品衛生7Sの推進は、全作業者に清潔な製造現場を維持するという意識を根付かせることが重要である。食品衛生7Sは「整理・整頓・清掃・洗浄・殺菌」の5つの具体的な手段の実践である。食品企業は、食品の安全を確保するため、定めたルールを確実に守る必要がある。しかし、ルールを定めるだけでは衛生管理が「当たり前にできる」ようにはならない。ルールの定着には、しっかりと手順を踏んで浸透させていく必要がある。ルールを定着させるには、以下の①〜④を繰り返すことで、ルールを守ることが当たり前という製造環境がつくられる。同時に、ルールを定める側も守らせることのみに注力するのではなく、ルールの目的が現場の状況と合致しているかの確認が必要である。

① ルールの内容と目的をしっかりと説明する。

② 全従業員が目的を理解した上でルールを実践する。

③ ルールが守られているかを確認する。

④ ルールを守らない人がいれば個別に指導する。

「躾」による教育・訓練は、「清潔」な製造環境を維持・管理する重要な事項である。作業者の自主性を重視し、誰に言われなくても「当たり前にできる」ように企業全体でルールを守る環境をつくることが食品衛生7Sにおける「躾」の肝である。「躾」が目指すところは、「当たり前のことを、当たり前にできる集団を育成」することであり、いわば「人間力の育成」である。

このように、食品衛生7Sの実践は、食品の安全確保を行うための土台を実現する取組みであり、HACCPや一般衛生管理の土台にもなるものである。同時に、食品企業の人材育成を通じて食品安全を実現する企業活動を維持・発展させていく取組みでもある。食品衛生7Sの実践は、中小の食品企業にとっても自社のレベルに合わせて取り組めるものである。すべての食品企業にお勧めしたい。

●第6章の参考文献

［1］ 厚生労働省：「飲食チェーン店における腸管出血性大腸菌食中毒事例について」
https://www.mhlw.go.jp/stf/shingi/2r98520000025ttw-att/2r98520000025tz2.pdf（2023年3月16日確認）

［2］ 厚生労働省：「札幌市内の営業者が製造した浅漬による腸管出血性大腸菌O157　食中毒事件の調査概要(中間報告)」
https://www.mhlw.go.jp/stf/shingi/2r9852000002kxlb-att/2r9852000002kxqg.pdf（2023年3月16日確認）

［3］ 一般財団法人東京顕微鏡院：「実際に起こった食物アレルギー事例」
https://www.kenko-kenbi.or.jp/science-center/foods/topics-foods/10055.html（2023年3月16日確認）

［4］ 厚生労働省：「令和3年　食中毒発生状況」
https://view.officeapps.live.com/op/view.aspx?src＝https%3A%2F%2Fwww.
mhlw.go.jp%2Fcontent%2F000912971.xlsx&wdOrigin=BROWSELINK（2023年
3月16日確認）

［5］ 厚生労働省：「5.1食品衛生の一般原則(CAC/RCP1-1969)、及び危害分析重
要管理点(HACCP)システムおよびその適用のためのガイドライン(付属文書)」
https://www.maff.go.jp/j/shokusan/export/shokuhin-kikaku/attach/pdf/ind
ex-9.pdf（2023年3月16日確認）

［6］ 内閣府食品安全委員会事務局：「食品安全に関する基礎知識」
https://www.fsc.go.jp/monitor/moni_29/moni29_index.data/H29moni_shiryo1.
pdf（2023年3月16日確認）

［7］ 消費者庁：「食品の安全を守る仕組み」
https://www.caa.go.jp/policies/policy/consumer_safety/food_safety/food_safe
ty_portal/safety_system/（2023年3月16日確認）

［8］ 厚生労働省：「食品衛生法の改正について」
https://www.mhlw.go.jp/stf/seisakunitsuite/bunya/0000197196.html（2023年
3月16日確認）

［9］ 大久保力：「すべての消費者に安全な食品を～規格認証に対するGFSIの取り
組み～」
https://www.maff.go.jp/j/shokusan/fcp/whats_fcp/attach/pdf/study_2021-
67.pdf（2023年3月16日確認）

［10］ GFSI：「食品安全文化　グローバル・フード・セーフティ・イニシアチブ
(GFSI)の見解書」
https://mygfsi.com/wp-content/uploads/2022/06/GFSI-Food-Safety-Culture
-Full-Japanese.pdf（2023年3月16日確認）

［11］ GFSI日本ローカルグループ：「有識者インタビュー(BSIグループジャパン
岡田綾子氏)「食品安全文化」とは何か？」
https://www.facebook.com/GFSI.Japan/posts/2560875010684235/（2023年3月
16日確認）

［12］ 食安発1014第1号、2014年10月14日、厚生労働省医薬食品局食品安全部長、
「食品等事業者が実施すべき管理運営基準に関する指針(ガイドライン)の改正
について」
https://www.mhlw.go.jp/file/05-Shingikai-11121000-Iyakushokuhinkyoku-So
umuka/0000177622.pdf（2023年3月16日確認）

［13］ ジェフリー・T・バラク、メリンダ・M・ヘイマン編、日本HACCPトレー

ニングセンター翻訳：『HACCPその食品安全の系統的なアプローチ』、鶏卵肉情報センター、2019年

[14]　生食発1107第 1 号、2019年11月 7 日、厚生労働省大臣官房生活衛生・食品安全審議官、「食品衛生法等の一部を改正する法律の施行に伴う関係政省令の制定について」
https://www.mhlw.go.jp/hourei/doc/tsuchi/T191111I0010.pdf（2023年 3 月16日確認）

[15]　厚生労働省：「食品等事業者団体による衛生管理計画手引書策定のためのガイダンス（第 4 版）」
https://www.mhlw.go.jp/content/11130500/000796211.pdf（2023年 3 月16日確認）

[16]　豊福肇：「Codex委員会の食品衛生の一般原則の改訂について」
https://ifi.u-tokyo.ac.jp/wp/wp-content/uploads/2021/08/20210909_event_Toyofuku.pdf（2023年 3 月16日確認）

[17]　厚生労働省：「食品衛生に関する監視指導の実施に関する指針（平成15年厚生労働省告示第301号）の改正について」
https://www.mhlw.go.jp/content/11131500/000605863.pdf（2023年 3 月16日確認）

[18]　厚生労働省：「食品衛生監視票について」
https://www.mhlw.go.jp/content/11130500/000760440.pdf（2023年 3 月16日確認）

あとがき

　本書では我々が日頃口にする食品自体に関する「食品の安全」についての基本を解説した。しかし、「食の安全」は、「食品の安全」のみではない。その中には、「食糧の安定供給」、いわゆる食糧を安全かつ安定的に供給することも含まれている。

　2019年12月、中国・武漢から始まったとされる新型コロナウイルスによるパンデミックは、いにしえのペストと同様に瞬く間に地球規模にまで拡大した。ノロウイルスの蔓延時と同様に、食品等製造現場でも多くの従業員がこのウイルスに感染し、計画的な工場操業が難しくなり、一部では食品生産、食品の安定供給にまで大きな影響を与えている。世界の生産工場ともいわれていた中国がゼロコロナ政策を敷いたことによるGDPの低下は、多くの国における食品を含む諸物質の生産とその安定供給に大きな影響を与え、世界的な物価上昇の一因となっている。

　日本の食糧自給率は、随分以前からカロリーベースで40％を切っており、昨今では38％ともいわれている。この状態は、世界が平和で、農産・水産・畜産・林産物などの一次産品を始め、加工食品を含む多くの食品が自由に貿易できることが前提で成り立っている。この前提条件が破綻し、諸外国からの食糧供給が閉ざされると日本国民の60％以上が餓死することになる。日本は「餓死リスク最大国」ともいわれているが、幸いそのような最悪の事態には、今のところなっていない。

　しかし、2022年2月に始まったロシアによるウクライナ侵攻により、世界の30％以上の小麦を産する穀倉地帯であるロシア・ウクライナからの穀物輸送が大きく影響を受けており、さらにそれら地域における小麦

など穀物類の植え付けや栽培に支障が出ており、今後数年以上に及ぶ生産量の減少が現実の問題になってきた。既にアフリカ諸国などでは食糧不足が大きな問題となっており、同じような影響が日本に及ぶかどうかは、執筆時点では不明であるが、「問題なし」とはならないであろう。

　日本においては、長引く「減反政策」で放置された休耕田や放棄田が増え続けているが、食糧の安定供給、食糧安全保障を考えるならば、日本人の主食たる米の安定供給のためには休耕田を再利用して、食糧増産に励むべきときではなかろうか。食糧増産という農業政策は、政府主導の問題であるが、ウクライナ情勢などを鑑みると「減反政策」などは、真っ先に再検討すべき焦眉の「食の安全問題」といえよう。

　食品等事業者や食品流通関係者、さらには一般消費者としては、与えられた食品を廃棄することなく有効利用することが重要である。日本の食品ロスは、年間522万トンもあり、その内の247万トンは家庭から廃棄されているという（消費者庁2020年発表）。消費者も冷蔵庫における先入れ先出しを徹底するとともに、「消費期限」と「賞味期限」を正しく理解し、廃棄物を出さないように努めるべきであろう。消費者自身の意識改革とともに多くの小さな努力が今後求められてくるのではなかろうか。

　本書は、『食品衛生法対応　はじめてのHACCP』の姉妹本として、全体の構成などを角野久史君が立案してくれた。NPO法人食品安全ネットワークでは、書籍出版に際して、できるだけ多くの会員に執筆機会をもってもらうように努めている。本書も、総勢19名の執筆陣で対応している。執筆者が多くなるとどうしてもその全体調整が難しくなる。今回は、その大変な役割を宮尾宗央君に担当していただいた。労多く疲れる仕事をありがとう。企画から丁度1年で、何とか本書を出版できたのは関係各位のおかげである。本当にありがとうございました。

　2023年4月

　　　　　　　　　　　　　　　　　　　　　　　　米　虫　節　夫

索　引

著 者 紹 介

【編者】

宮尾宗央(みやおのりお)

東洋食品工業短期大学包装食品工学科准教授、NPO法人食品安全ネットワーク　理事

1984年大阪大学工学部発酵工学科卒業、レトルト食品・冷凍食品・デザートの製品開発業務に従事、2017年より現職。食品衛生、食品製造に関する教育に従事。技術士(農業部門)

角野久史(すみのひさし)

㈱角野品質管理研究所代表取締役、NPO法人食品安全ネットワーク理事長

1970年京都生協入協、支部長、1990年組合員室(お客様相談室)に配属され以来クレーム対応、品質管理業務に従事。2000年㈱コープ品質管理研究所を設立し、品質管理のコンサルティングを開始、2008年より現職。(一社)日本惣菜協会「惣菜製造管理認定事業(JmHACCP)」審査委員長、京都府食品産業協会理事、京ブランド食品認定ワーキング・品質保証委員会副委員長

米虫節夫(こめむしさだを)

大阪公立大学大学院工学研究科客員教授、NPO法人食品安全ネットワーク最高顧問

1964年大阪大学工学部醗酵工学科卒業、「熱殺菌の動力学」で1970年に工学博士、大阪大学薬学部、近畿大学農学部に勤務し、2009年より現職。日本防菌防黴学会名誉会長、元ISO品質マネジメントシステム主任審査員、元デミング賞委員会委員、日本防菌防黴学会で環境殺菌工学研究会元会長などを歴任。『環境管理技術』、『食生活研究』誌の編集委員長、HACCPやISO 22000などの活動の基礎として、微生物レベルの清潔を目的とする食品衛生7Sの普及活動に取組み中。

【著者】

NPO法人食品安全ネットワーク

1997(平成9)年7月に設立し、2017(平成29)年4月にNPO法人化した食品産業の衛生・安全に関する総合シンクタンク。2006年に「食品衛生7S」を提唱するとともに、HACCPシステムの導入・指導・教育の支援、食品製造の衛生管理コンサルティングを行っている。また、食品産業を基本として、会員間における異業種交流を深めるためのネットワークづ

くりを行っている。

ウェブサイト　https://fsn7s.org/

【執筆分担】

第1章

宮尾宗央　　　東洋食品工業短期大学

第2章

青森誠治　　　SEITA食品安全コンサルティング

舘山正和　　　㈱FOOD & LIFE COMPANIES

多田幸代　　　　　　　同

第3章

3.1節

三藤文章　　　東洋産業㈱

3.2節

佐古泰通　　　㈱石田老舗

3.3節

大﨑健一　　　㈱ニイタカ

第4章

4.1節

宮尾宗央

4.2節

田尻直史　　　㈱MDホールディングス

津田桂男　　　NPO法人食品安全ネットワーク

第5章

5.1節

名畑和永　　　明宝特産物加工㈱

鈴木將之　　　　　同

5.2節

二反田佳史　　㈱フルックス

第6章

6.1節

田中達男　　　元 ㈱赤福

6.2節

岡村善裕　　　㈱ライモック

6.3節
奥田貢司　　㈱食の安全戦略研究所
6.4節
河住　清　　日軽パネルシステム㈱
大原千明　　　　　　同

　　　　　　　　　　　　　　　　　　（所属は執筆時点）

食品衛生法対応 はじめての食品安全

本当にあった食品事故に学ぶ

2023 年 5 月 27 日　第 1 刷発行

編　者　宮尾宗央　角野久史
　　　　米虫節夫
著　者　NPO 法人食品安全
　　　　ネットワーク
発行人　戸羽節文

検　印
省　略

発行所　株式会社 日科技連出版社
〒 151-0051　東京都渋谷区千駄ヶ谷5-15-5
　　　　　　 DS ビル
電話　出版　03-5379-1244
　　　営業　03-5379-1238

Printed in Japan

印刷・製本　港北メディアサービス